コミュニケーションデザイン
1
いのちを守る
デザイン

コミュニケーションデザイン

1

いのちを守る デザイン

FOMS編著

ピクトグラム：「休憩場所」「ベンチ」
d. 多摩美術大学造形表現学部デザイン学科'06太田幸夫クラス

遊子館

1

1 大手町ファーストスクエア（東京都千代田区）
　cl.日本電信電話（株）他4社
　d.（株）竹中工務店（小林忠夫）
　con.（株）竹中工務店他8社
2 アメリカ・サウスカロライナ州コロンビア市の家族の
　年収差を示すアイソタイプ図表
3 ジャムビン用スプーン　d.アッキレ＆ピエール・ジャコモ・
　カスティリオーニ　出典：『デザインの原型』六耀社
4 水の流れの形態をとり入れたペットボトル
　d.ロス・ラヴグローヴ　p.太田幸夫
5 広域避難場所表示ピクトグラム（JIS Z8210 2002）
　d.太田幸夫

2

『コミュニケーションデザイン』刊行のことば

コミュニケーションデザインは関係のデザインである。
かかわりのデザイン、あるいはふれあいのデザインといってもよい。

関係やかかわりには主体と目的の明確化が欠かせない。
生活者としての生命体、未だ誕生を見ていない動植物も含めて生物は全てコミュニケーションデザインの主体者となる。

これまでのデザインは、建築、インテリア、プロダクト、グラフィックなどの専門分野に分かれていた。
コミュニケーションデザインでは、そうした分類も意味をなさなくなる。

本書『コミュニケーションデザイン』では、主体者相互並びに環境とのよりよい関係を生み出すデザインに注目し、掘り下げている。

写真・図版のウエイトを高め、ビジュアルに時代を見通す素材として役立つものとした。

また、本書5分冊はいずれも、読者の参加によって完成する読者主体の本作りを目指している。

第1巻「いのちを守るデザイン」では、あらゆる分野で、いのちを守るために試みられている多くの事例を紹介し、デザインに何ができるかを、読者とともに考えようとした。

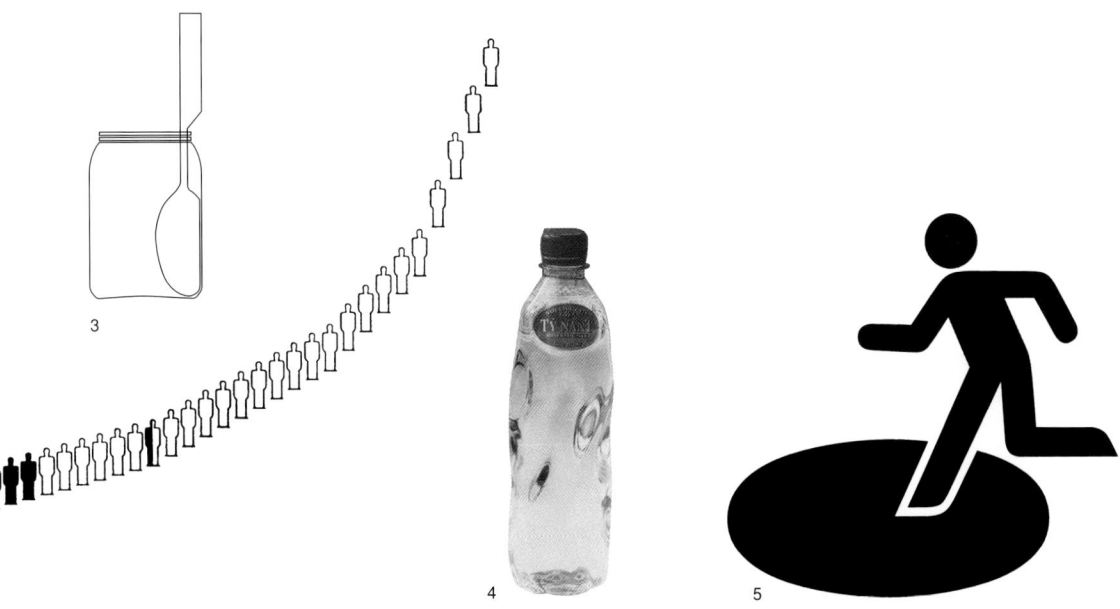

目次

『コミュニケーションデザイン』刊行のことば	4
インデックス	8
「いのちを守るデザイン」序文	9
「国境なき医師団」支援キャンペーン ポスター	10
いのちを守る水運び装置	12
理想的な姿勢を保つ哺乳瓶	14
対面抱っこの愛育デザイン	16
子ども空間に遊環構造	18
夢を託す森の幼稚園	20
食事の自立を促すウィル・スリー	22
誰にとっても食べやすいカトラリー	24
高齢者にやさしい食器	26
絵本で食育	28
安全な食べ物がいのちを守る	32
次世代へ伝える料理	34
質の向上を計る排泄ケア	36
事故から幼児を守るベビーカー	38
食事支援ロボット	40
自立支援ロボットスーツ「HAL」™で歩ける感動	41
いのちを守る色彩	42
新しい頸椎装具の提案	44
生活の質を高める義肢装具	45
究極のユニバーサルデザイン「タッチミー」	46
聴力支援機器の進歩と進化	47
持ち出し防災用具2種	48
出火を瞬時に止める家庭用消火器	49
自然な歩行支援器具「ウォーク」	50
スニーカーのような車椅子	51
足としての車椅子	52

新分野への挑戦―ピース・キーピング・デザインと人工心臓	54
医療看護支援ピクトグラム	56
脳性マヒ児を解放した電動タイプライター	58
薬の正しい服用法指示デザイン	60
患者中心の理念―聖路加国際病院	62
緑の中の老人病院―浴風会病院	64
マスクで防ぐ新型インフルエンザ	66
いのちを救うAED	68
エコ・安全ドライブ表示デザイン	70
安全ドライブ表示デザイン	74
日本発国際規格―逃げる人	76
安全標識の国際標準化	78
非常口へ誘導する蓄光ライン	80
非常口から避難場所へ	82
避難場所マップカレンダー	84
東京・杉並区の避難場所誘導サイン	86
緊急地震速報伝達方法のデザイン	88
鯰絵防災カルタ	90
津波防災デザイン	92
セミナーハウスからの津波避難マニュアル	94
折りたためるヘルメット―タタメット	96
誰もが救急隊―紙製のレスキューボード	98
市民を守る交番（KOBAN）	100
パーマカルチュアデザイン	102
森林セラピー効果の環境デザイン	106
緑と水辺の環境デザイン	108
協力者一覧	110
編著者・執筆者	111

INDEX・索引

s.	supervisor	監修
pr.	producer	プロデューサー
pc.	project coordinator	プロジェクトコーディネーター
ic.	image coordinator	イメージコーディネーター
dd.	design director	デザインディレクター
ad.	art director	アートディレクター
d.	designer	デザイナー
ill.	illustrator	イラストレーター
cgd.	computor graphics designer	コンピューターグラフィックデザイナー
ar.	architect	建築設計者
c.	copywriter	コピーライター
p.	photographer	写真撮影者
ap.	application programmer	ソフトウェア開発者
con.	constructor	建設会社
m.	manufacturer	メーカー
cl.	client/owner	クライアント／オーナー
co.	cooperator	協力者
art.	artist	アーティスト
sculp.	sculptor	彫刻家

「いのちを守るデザイン」序文

21世紀のいま、私たちの生活は、地震、台風、洪水、山火事など、様々な自然災害、蔓延する感染症や伝染病、戦争やテロ、交通事故、生活機器の事故、医療ミス、食品中毒など、数えきれないほど多くの危険や不安と隣り合っている。

地球上でたった一つの、かけがえのない「いのち」を危険から守り、誰もが幸せに生きることができる、安全で安心な社会を築くために、デザインに何ができるだろうか。

デザインがこれまで、豊かで快適な生活を享受するために果たしてきた役割は大きい。けれども生きる上で不可欠なデザインの役割を見極め、その役割を果たしてきたと言えるだろうか。限られた豊かさのためでなく、すべてのいのちを守るデザインを広く、深く、高めていかなければならない。

本書「いのちを守るデザイン」では、いのちを守るための、多くの取り組みに注目し、それがデザインとして優れているかまた、デザインとしてどのような可能性を秘めているかを生活者の視点で選んでみた。

未来を求めて進む読者の、強力な支援、鋭い批評、あたたかいまなざしがいのちを守るデザインの更なるステップを生み出すことを期待したい。

上図：AEDマーク（本文68・69頁参照）

「国境なき医師団」支援キャンペーン ポスター

「国境なき医師団」の存在を知らせて、医師団支援の
きっかけをつくる、社団法人 ACジャパン
（元 公共広告機構・2009年7月より名称変更）の
支援ポスターキャンペーンである。
生命の危機に直面している人々の医療・援助活動を
世界62カ国で行う「国境なき医師団」は1971年、
フランスで設立された非営利団体。
医師団の声やいのちの尊さを訴えるコピーを
過酷な医療現場や援助活動が伝わるモノクロ写真と
組み合わせてドキュメント性を高め、1本の包帯に
託して「国境なき医師団」の救援活動を認知させた
コミュニケーションデザインの訴求効果は大きい。
なお、「ACジャパン」は社会のためになるメッセージを
広告の形で発信するため、民間企業が会費を出し合って
1971年に設立された社団法人。
支援キャンペーンは公共福祉活動に取り組む団体を
支援するもので、これまで多くの話題作を生んでいる。
(F)

co.ACジャパン　d.大広名古屋支社　　ad.安田勝　c.成田倫史

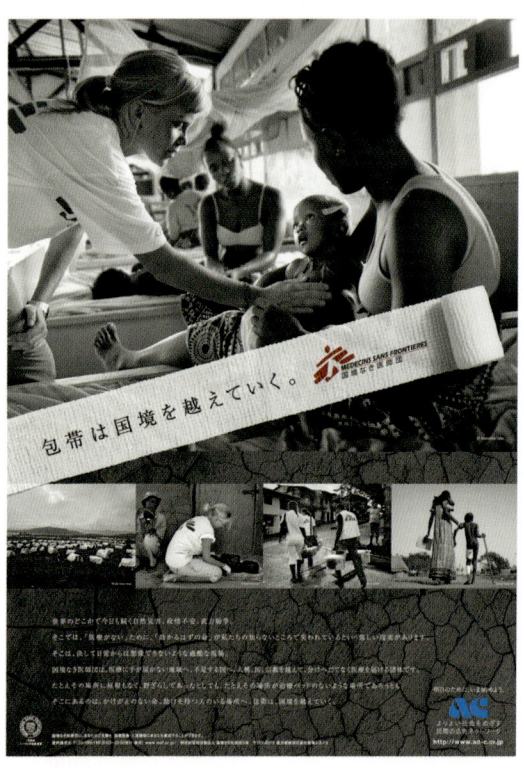

いのちを守る水運び装置

南アフリカのような開発途上国の非都市部では、乾期に水を確保するのが、住民にとって、重要な問題であった。毎日の飲み水はもちろんのこと、日常的に使う水は衛生的で安全でなければならない。コレラや赤痢など、水を介して発生する多くの伝染病を防ぐためにも、清潔で安全な水源まで、水を運びにいくのは、大変な重労働であった。右上写真のように、大きなタンクを抱えて水源まで、何時間も歩かなければならなかった女性や子どもたちにとって、Qドラムの出現は、まさに神器ではなかっただろうか。タンクの形状を円柱のドーナツ型にし、穴の中心に植物で編んだひもをつけたことによって、50リットルの水も転がしながら子どもでも簡単に運べるのだ。
低圧ポリエチレン製で扱いやすい上に、青色の本体に黄色のふたという色彩とドーナツ型という形体のデザインも優れている。
デザインは今まで、欧米向けのものが多かったが、これからは、こうした先進国以外の国々の住民たちが必要とするものにこそ、目をむけなければならないのではないだろうか。(F)

d.p. Greg Kelley Design（南アフリカ）

Qドラム　直径430mm 厚さ40mm

水を満タンにしても54.5kgだから、一人でも、引っ張れば楽に運べる

楽しそうにQドラムを引っ張る子どもたち

理想的な姿勢を保つ哺乳瓶

母親の柔らかな体内で9ヶ月を過ごすと、小さな"いのち"は初めて独りだちし、この世界での旅がはじまる。最初の食べ物は、母親からの授乳。しかし、現在は初めから哺乳瓶でミルクを飲ませられる幼児も多い。幼児期に起こる病気、頭を寝かせた状態で授乳することが原因の耳の病気や誤嚥を防ぐ、哺乳瓶が生まれた。アメリカの医学博士アレキサンダー・テオドール氏により考案されたドクターベッタ哺乳瓶は、その特異な形によって理想的な授乳が可能になった。子どもを膝の上にのせ、母親の乳房から授乳する時の姿勢をくずさずに飲ませられる理想的な哺乳瓶である。子育ての経験のある(株)ズームティーのオーナーが、発見し、ほれこんで、ドクターと交渉の末、日本での発売にふみきった。最初はプラスチック製だったが、2002年から傷がつきにくい耐熱ガラス製の国内生産を開始した。それもガラス職人による手作りの逸品である。ガラスは傷がつきにくく、衛生上も繰り返しの使用に適した素材である。家ではガラス瓶を使い、同じ形のプラスティック製は持ち運びに使うというように、使い分けられる。(F)

ミルクを飲む　p.ノザワトシアキ

理想的な哺乳の形を
製品にしたガラスの哺乳瓶
p.佐治康生

哺乳瓶洗浄用ブラシセット：
大きいものは白馬毛製、小さいものはナイロン製
p.ノザワトシアキ

柔らかなカーブが特徴的な哺乳瓶は奥谷硝子製作所の世界に誇る技術でつくられる　p.ノザワトシアキ　　　　資料提供：(株)ズームティー

対面抱っこの愛育デザイン

一時代前の赤ちゃんを背中におんぶしている姿は、いま、抱っこに変わった。「キャリーミー」は、抱っこする母親の強力な味方である。
袋部が大きく、赤ちゃんが動いても大丈夫なように立体裁断設計がされているうえ、スナップや留め具がないので、安心である。素材はコットン100％の少し固めのキャンパス生地を使っており、頻繁に洗っても長持ちする。ベーシックな無地に加えて最近は花模様など、派手な生地も増えた。ズームティー、オーナーの河合とも子氏自らが世界のあちこちで見つけてくるという。

首がすわった後に、ママの腰の辺りで抱く

肩ひも側に赤ちゃんの頭を置き、全身が袋に包まれるように抱く

かたち自体、非常にシンプルである。抱っこする人の肩に程よくフィットするように、肩ヒモの幅を12センチと決めたことによって、重さを感じさせない設計になっている。装着方法も実に簡単。すわった姿勢で輪になっているところを頭からすっぽりとかぶり、肩ヒモはよれないようにきちんと広げる。赤ちゃんの背中に腕をまわして抱えこみ、足をそろえて、おしりから袋にすっぽりとおさめる。赤ちゃんのおしりの位置を調整しながら、頭と背中をいれればおしまいだ。内側の布を引き寄せ外側の布もよれがないようにのばし、赤ちゃんがしっかりと収まっているのを確認したら、手をそえながら、立ち上がる。赤ちゃんの大きさや好みにあわせて、抱き方も種々考えられる。赤ちゃんにとっては母親の温みをいつも感じられるし、母親は腕への重さを軽減させられ、畳んでどこへでも持っていける便利な道具である。（F）

袋の中に赤ちゃんをすっぽりと包み込む
p.佐治康生

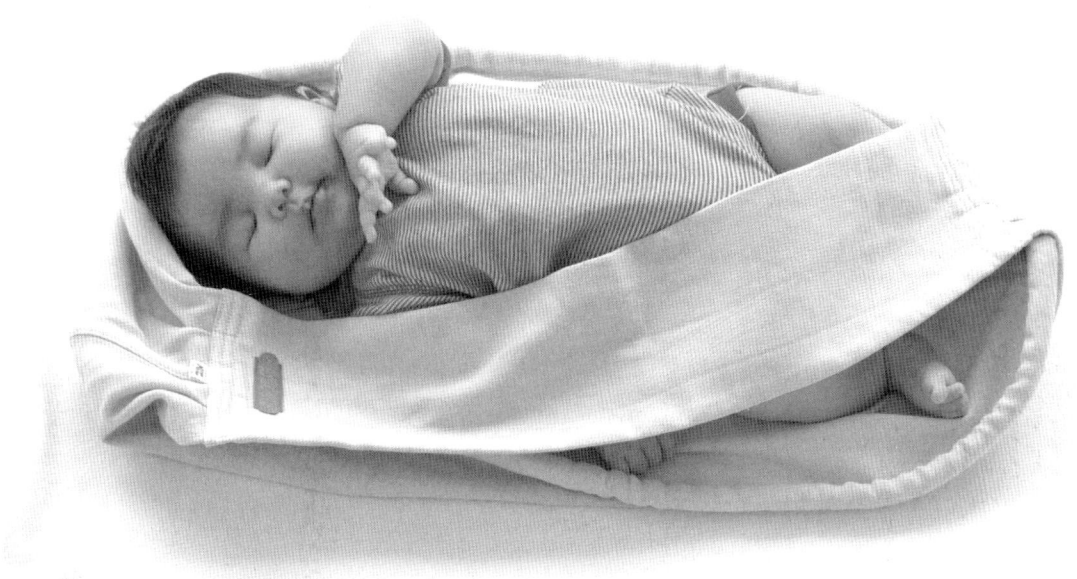

ママのお腹の中にいるような安心感で眠りにつく
d.(株)ズームティー　p.ノザワ トシアキ（左ページも含めて）

資料提供：(株)ズームティー

子ども空間に遊環構造

「いのちを守るデザイン」の"守る"という言葉はある意味で保守的なイメージがある。
"現状から変えない"というような、しかし"いのちを育む"というと"成長"というイメージがある。いのちの大切さはここで論ずるまでもないが、小さな子どもたちは大人によっていのちを守られることも当然だが、子どもたち自身がさまざまな体験を通して成長し、自らを守る方法もまた身につけていかねばならない。
成長ということは、そういう自らを守ることができるようになることである。
私は多くの幼稚園、保育園の空間のデザインにおいて、子どもたちが挑戦することができる空間を用意している。子どもたちにとって探索し、発見し、挑戦することは、成長の過程として必要と考えているからである。
子どもたちにとって環境とは空間、時間、コミュニティ、方法という4つの要素によって構成されている。
それらが適切に組み合わされて健全な成育環境になると考えている。例えば子どもたちがあそびやすい遊具はみんなと一緒にあそべる遊具である。すなわち子どものコミュニティを開発する遊具なのである。子どもたちのそのようなあそびやすい空間の構造として遊環構造というものを提案している。
それは7つのデザイン条件をもつものである。
1. 循環機能があること
2. その循環（道）が安全で変化に富んでいること
3. その中にシンボル性の高い空間、場があること
4. その循環に"めまい"を体験できる部分があること
5. 近道（ショートカット）ができること
6. 循環に広場が取り付いていること
7. 全体がポーラス（多孔質）な空間で構成されていること
これらを通じて子どもたちのいのちを守るデザインを実践している。（仙田 満）

ar.環境デザイン研究所
p.藤塚光政

さつき幼稚園吹抜け

さつき幼稚園内たけのこホールからふれあいの森を望む

わかくさ保育園ネット遊具

夢を託す森の幼稚園

近くには小川が流れ、緑が多く、見渡すかぎり広々とした田園風景が広がっている。そんな茨城県牛久町の片隅に老朽化して使わなくなった幼稚園の園舎がある。この場所に緑豊かな幼稚園を建てたい、将来の設計者を夢みる若い女子学生が提出した卒業設計である。

実際は市の管轄下にあり、規模といい、予算といい、実現するには紆余曲折どころか、大幅な修正が必要な案だが、幼稚園の園長、中村恵子先生をはじめ園のスタッフの全面的な協力を得て創出された、夢いっぱいの幼稚園の模型である。まず地形をいかし、現存の緑にさらに植栽を加えて、森をつくる。

この森には、ゆるやかな斜面に添って、うねるように長く伸びた3～4歳用保育室から、直接出入りができるし、森の反対側からは送り迎えのベビーカーも直接出入りできる半屋外空間である。屋上も緑豊かな庭園にし、屋内にも出来るだけ木を植え、多くの半屋外空間をつくることによって、子どもたちが五感を使って自然を満喫できるように工夫した。

本館の真ん中に職員室を置き、周りを0歳から3歳用保育室、子育て相談室、おむつ交換場、図書室、父母談話室、調理室などで囲み、職員の目が常に子どもに向けられるように配慮している。

ほかにも0歳児から5歳児まで計107名と職員22名に加えて、保護者や地域の住民たちと、気軽に交流できる場がつくられるなど、地域で守る子育てを思い描く、若者らしい理想主義が各所にみられる。理想の幼稚園が実現できるのは、いつの日だろうか。ただ、最初の思いだけはいつまでも大切に、持ち続けてほしい。(F)

d.藤田典子　p.吉田和音
co.牛久市立第一幼稚園園長、
中村恵子先生とスタッフ

食事の自立を促すウィル・スリー

少子高齢化社会において、手助けの必要な人は多い。洋食器の町燕市で1955年創業の青芳製作所の福祉部門でもっとも人気の高いウィル・スリーは、手助けの必要な離乳後期の赤ちゃん用にと開発された。
中でも手や指の変形、痛み、握力の低下など、握る力の弱い幼児や、肩の関節、ひじ、手首などに障害のある幼児には最適な製品だ。幼児ばかりではなく、手の小さなお年寄りにも喜んで使ってもらえる。
グリップの素材は、三菱重工業が1988年に開発したポリウレタン系のプラスチック素材である「形状記憶ポリマー」。この素材のお湯にいれるとやわらかくなり、水でひやすとかたくなる性質を利用して、ウィル・スリーはつくられた。グリップをもっと手にぴったりと合ったものにしたい時は、この性質を利用してつくり変えることもできる。この場合、重要なのは温度管理で、カタログにも手順が載っているので、参考にしたい。また、リハビリ担当の作業療法士と相談しながら、形を決めることがより望ましいだろう。
安定した使い心地と美しいデザインは、これからも使いつづけられるに違いない。(F)

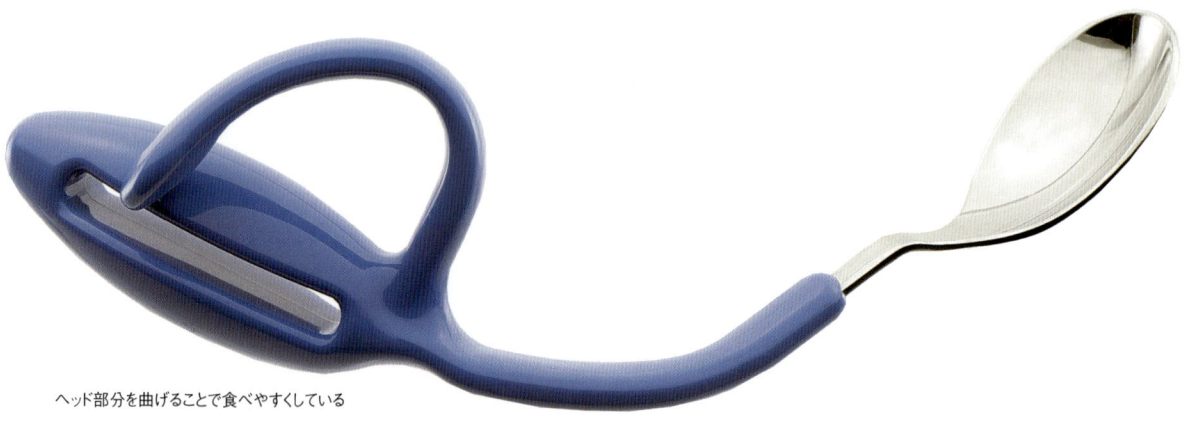
ヘッド部分を曲げることで食べやすくしている

ウィル・スリー（小児用及び手の小さな高齢者用）

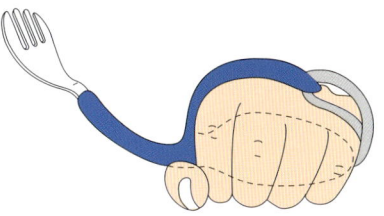

スプーンやフォークをしっかり手に固定した場合は、グリップの穴にゴムを通して手から抜けないようにする

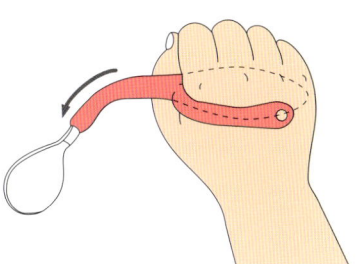

ヘッドを手前に曲げることで食べやすくしている

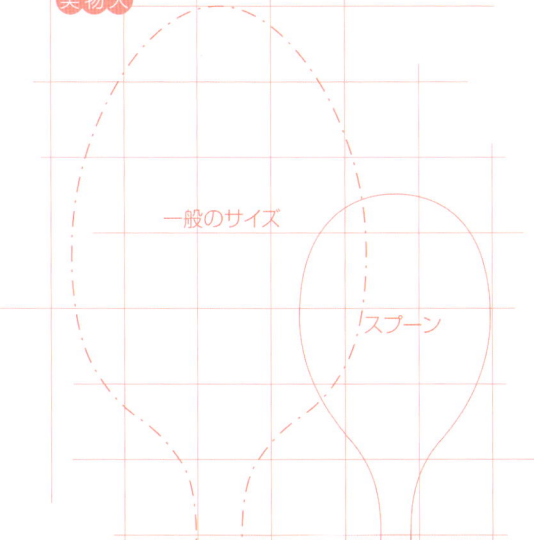

ウィル・スリーは全部で6種類、スプーンの長さ160mmで重さ30g、フォークの長さ162mmで重さ27gである
d.石井賢俊　dd.大西麗子（日本リハビリテーション専門学校）
資料提供：（株）青芳製作所

誰にとっても食べやすいカトラリー

従来のスプーンやフォークにはなかった、食べやすさを重点に開発されたのが、青芳製作所のウエーブとよばれるシリーズである。
まっすぐが当たり前だったグリップを波打たせることによって、手の指がスプーンに収まる感じで、すべりにくい。ヘッドの先端を深めにしたことで、食べ物を口の中に入れたあと、ヘッドに食べ物が残らないような工夫がほどこされている。

また、指や手に負担をかけないように、さまざまな手の状態に対応できるように工夫したのが、同じく青芳製作所のライトシリーズである。手にしたときの軽さとふっくらとした感触、もちやすく、食べやすいのが、このシリーズの特徴である。特に、指や手首に負担をかけないで、食べ物をスムーズに口に運べる握りやすさは好評である。(F)

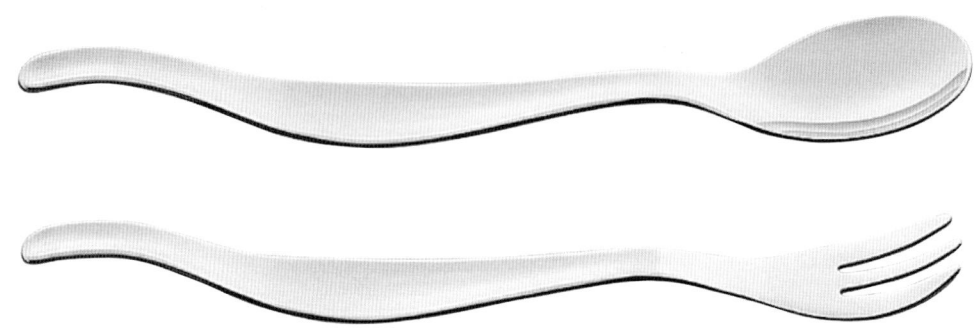

ウエーブのスプーンとフォークはどの方向からも食べやすいように円形に近い形に設計

ウエーブ　d.石井賢俊　dd.菊谷 武（日本歯科大准教授）　資料提供：（株）青芳製作所

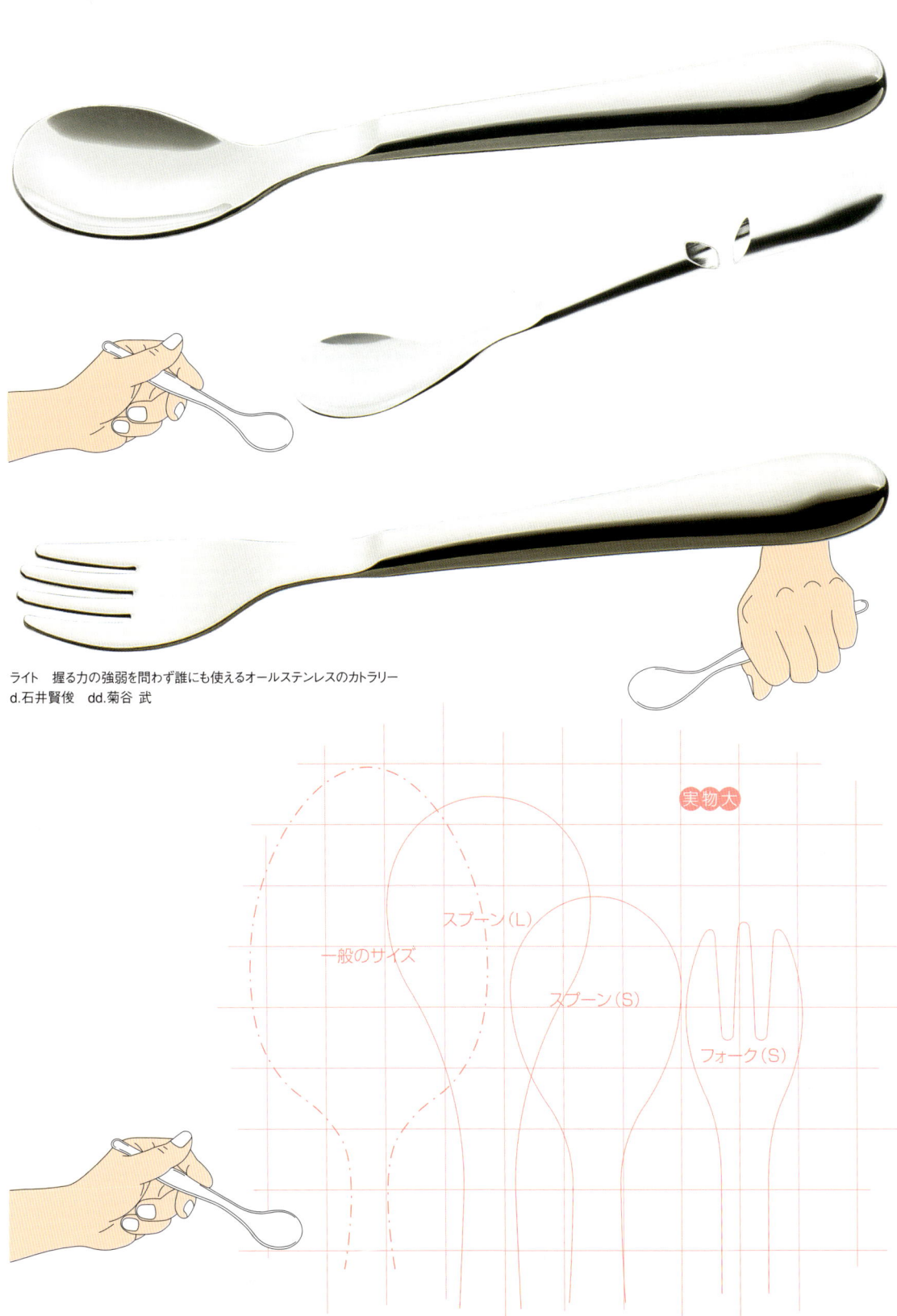

ライト　握る力の強弱を問わず誰にも使えるオールステンレスのカトラリー
d.石井賢俊　dd.菊谷 武

高齢者にやさしい食器

高齢者の食事は、食器類にも細心の注意が必要だ。ここでも青芳製作所の製品は光る。誤嚥をふせぎ、軽く、さめにくいという「ほのぼの湯のみ」、左右どちらでも使えるという「楽々箸」、最後の一さじまでもすくえる「仕切り皿」などである。
どれも、お年寄りへの深い愛情によってつくり出されたものばかりである。
既製品に満足がいかない人のために、青芳製作所では、オーダーメイドにも対応しているという。
使い手とともに考え、制作していくことで、さらに、良い製品が生み出されることを期待したい。(F)

ほのぼの湯飲み断面図　内装と外装の二重構造のため、中身の温度が手に直接伝わらず、しっかり持てるが、反面、ヤケドには注意が必要

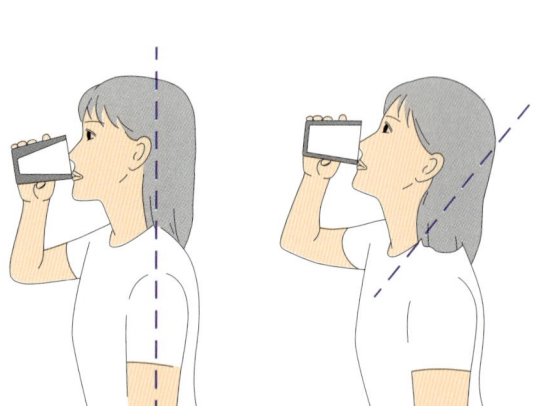

ほのぼの湯のみ（左）は普通の湯のみ（右）にくらべ、飲みやすいのは、内装の傾斜にあり、「むせ」や「誤嚥」を防ぐことができる

ほのぼの湯のみ　d.石井賢俊　dd.菊谷 武

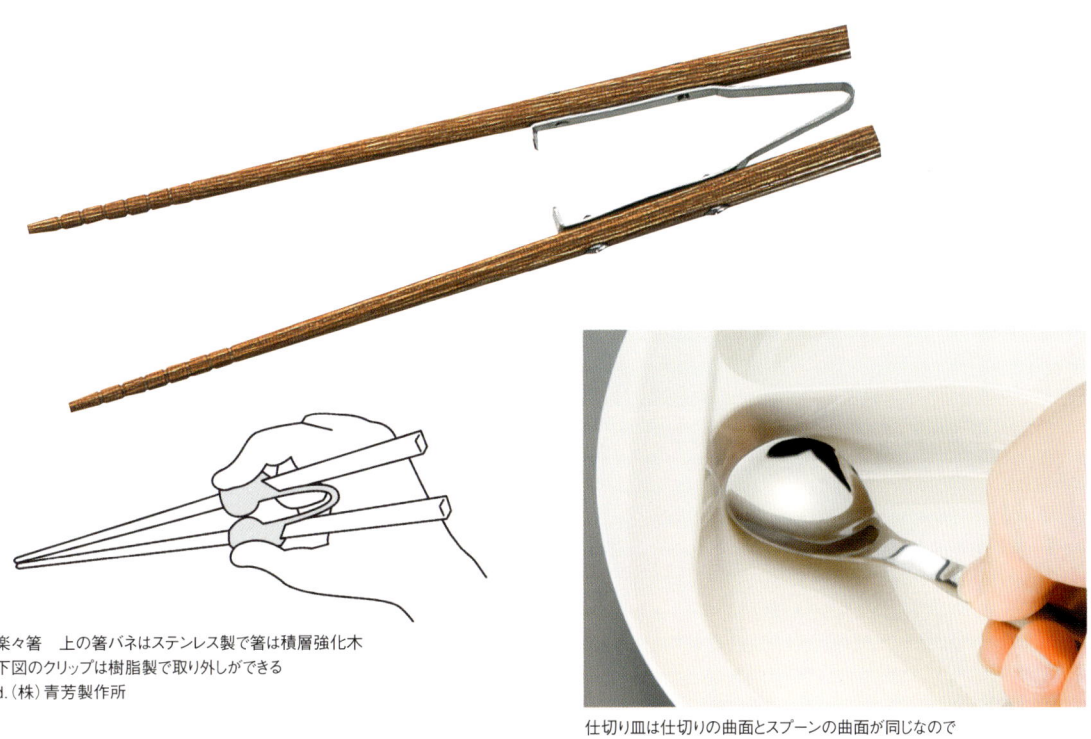

楽々箸　上の箸バネはステンレス製で箸は積層強化木
下図のクリップは樹脂製で取り外しができる
d.(株)青芳製作所

仕切り皿は仕切りの曲面とスプーンの曲面が同じなので
残さずにすくうことができる

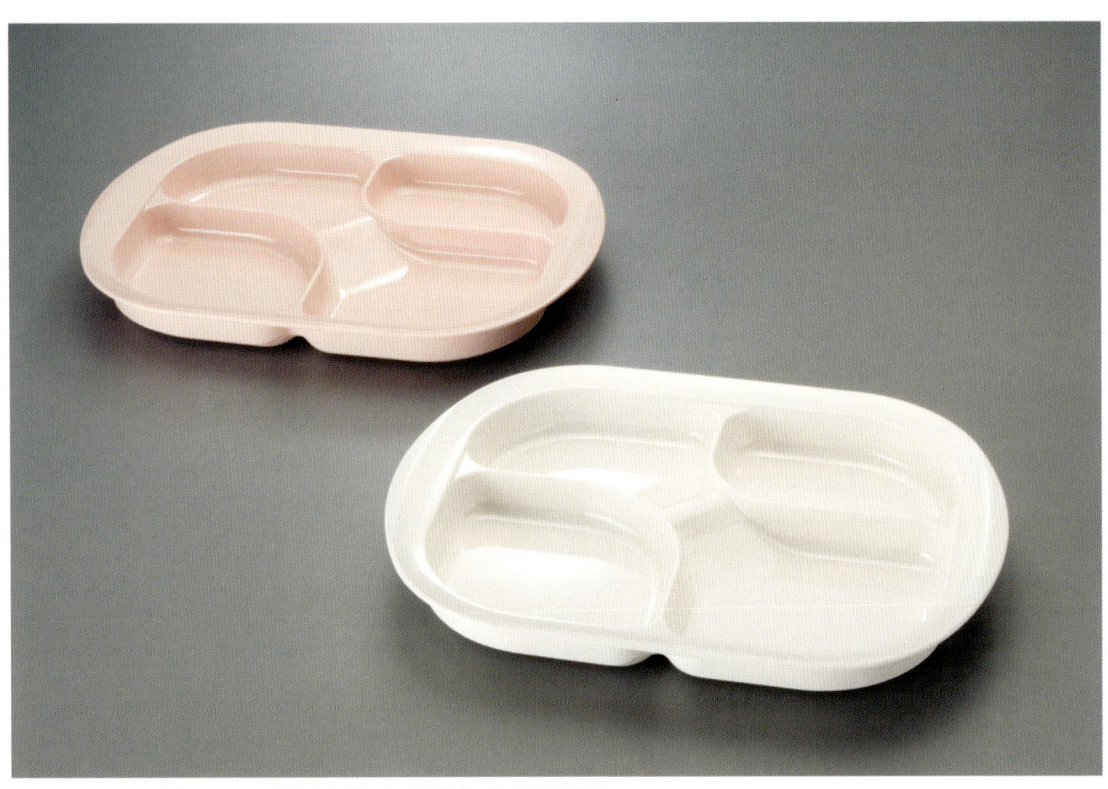

メラミン仕切り皿　d.(株)ヤマト加工・(株)青芳製作所　資料提供：(株)青芳製作所

絵本で食育

『みんなうんち』表紙　五味太郎著　福音館書店刊

『みんなうんち』見開き

日本の食の文化は、四季の恵みとともにあった。しかし、現在、食の原点となる農業人口はおちこみ、生産現場を目にすることも、少なくなった。
農業自体も変化し、季節を問わず、あらゆる農作物が生み出されるとともに、世界中から豊富な食物が輸入されるようになった。旬のない、季節感のない食生活が子どもたちの健康に与える影響も大きい。
これから育っていく子どもたちに、食の大切さを教え、食のしつけをしていくことは重要である。
保育所における食育については、厚生労働省が各自治体に推進の取り組みについての通達をだし、ようやく国も食育の必要性を認識してきたといえる。しかし、現実はどうなのか。保育所や幼稚園の取り組み方で差異がある。要は施設まかせではなく、親が子どもに、何を教えるかということだろう。住んでいる周辺に、畠があり、海があれば、子どもたちは自ずと周りの自然に教えられる。それがむずかしければ、絵本は素晴らしい教材だ。
図書館でも本屋でも、最近は食に関する絵本が豊富だ。著者の愛情がふんだんに展開される絵本は、子どもの想像力をかきたててくれる。
読みきかせてもよいし、一緒に読んでもよい。絵本がきっかけで、食べることの重要さを親子ともども学び、次第に食のマナーを身につけることを期待したい。(F)

きものは　たべるから

みんな　うんちをするんだね

『みんなうんち』見開き

『やさいのおしゃべり』表紙　泉なほ 作　いもとようこ 絵　金の星社刊

『やさいのおなか』表紙　きうちかつ さく・え　福音館書店刊

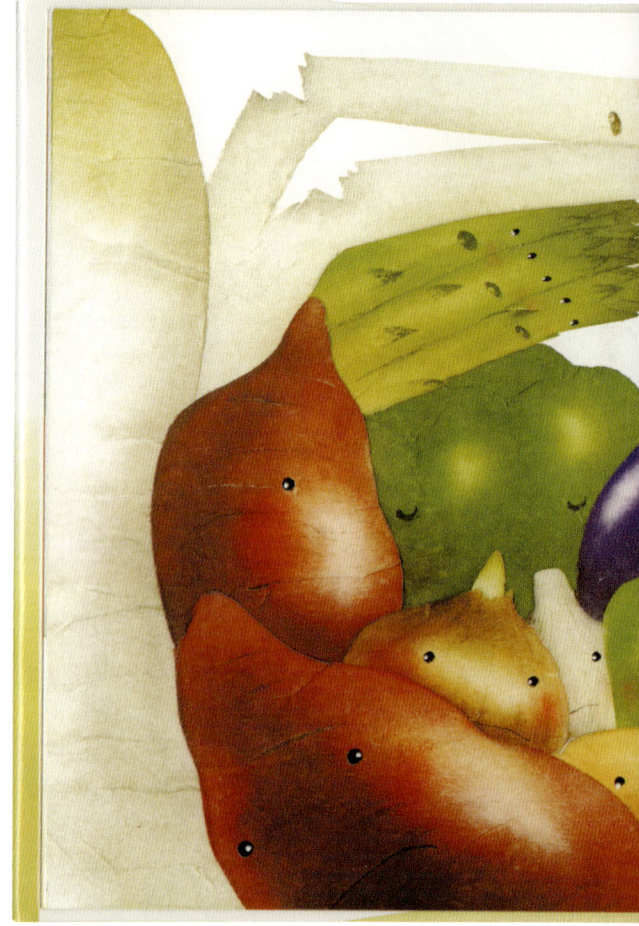

『やさいのおしゃべり』見開き

『やさいのおなか』見開き

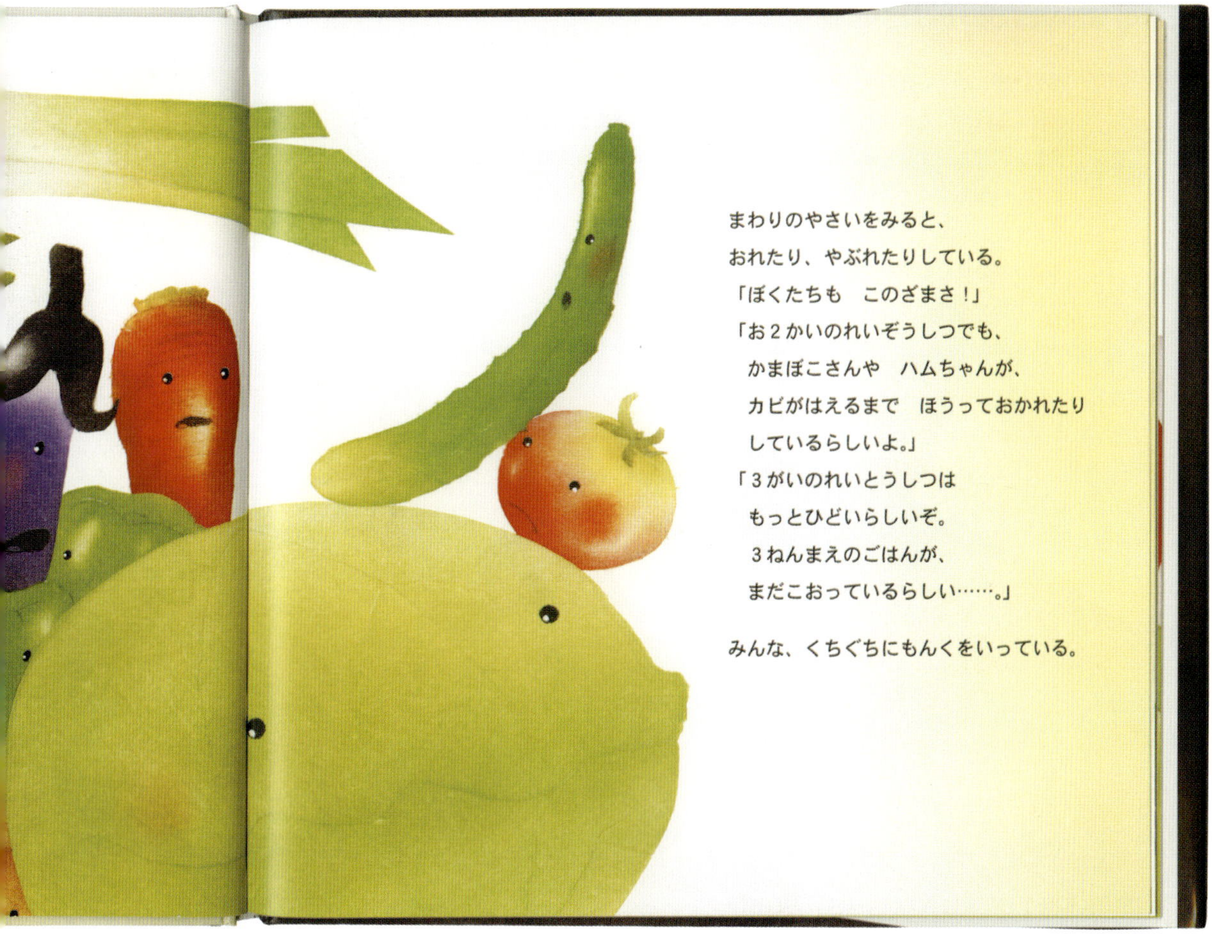
まわりのやさいをみると、
おれたり、やぶれたりしている。
「ぼくたちも　このざまさ！」
「お２かいのれいぞうしつでも、
かまぼこさんや　ハムちゃんが、
カビがはえるまで　ほうっておかれたり
しているらしいよ。」
「３がいのれいとうしつは
もっとひどいらしいぞ。
３ねんまえのごはんが、
まだこおっているらしい……。」
みんな、くちぐちにもんくをいっている。

とまと
トマト

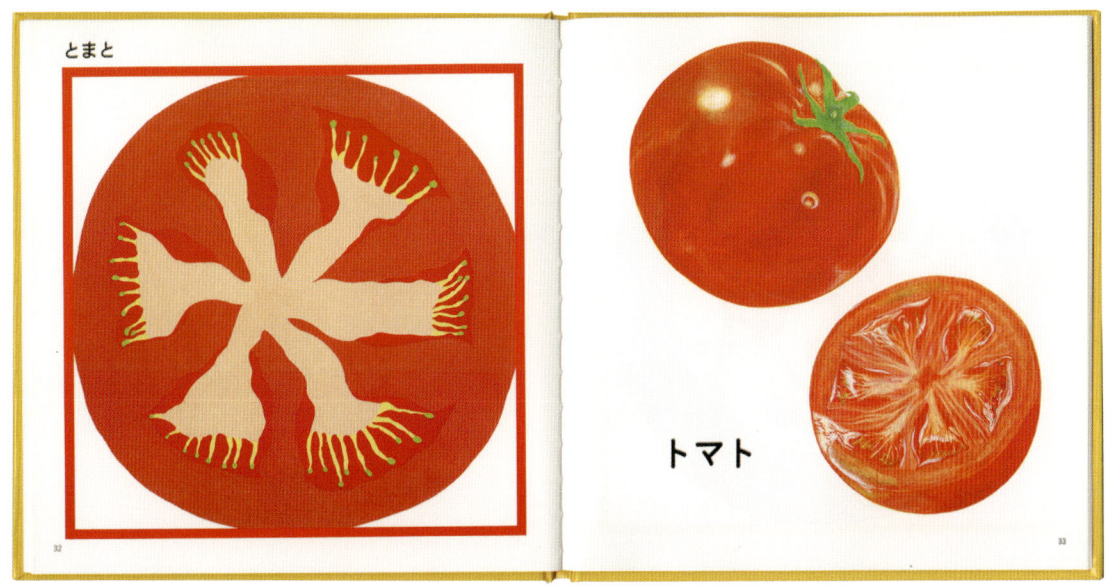

『やさいのおなか』見開き

安全な食べ物がいのちを守る

健康なからだを保っていくのに重要なのは、食べ物である。今や世界で一番豊富な食卓といわれている日本だが、食卓にのぼる食べ物の自給率はわずかに40％で、先進国の中でもずばぬけて低い。近年、起こっている農薬混入や食品偽装問題は、こうした背景も影響しているのかもしれない。というのも、大量の消費をまかなうために、農薬の撒布、食品添加物の使用、遺伝子組み換え食品の生産などが必然的に起こってきたのだ。農林水産省でも、ガイドラインを設けてはいるが、市民が自分たちの手で食べ物を選ぼうという運動が1948年頃からおこってきた。いわゆる生活協同組合（生協、コープ）である。それでも飽き足りない市民は、生産者とより密接な関係をつくって、より安全なものを自分たちの手で食卓に、と多くの組織が生まれてきた。また同じ目的で、街のあちこちに店舗が開かれるようになってきた。大量仕入れで格安の大型店舗などよりは、値段は少々高いが、確実に、安全だといえる食物が手に入るのは、何物にもかえがたいことである。いま、市民に求められているのは自分たちのいのちを守るために、食べ物を選ぶ賢い目であろう。(F)

安全な食品を運ぶ「らでぃっしゅぼーや」配送車　ロゴd.三浦晃平

安全な野菜を運ぶ「大地を守る会」チラシに見るその象徴的表現　d.p.サステナ
写真の中の配送車　d.ジョナサン・バーンブルック

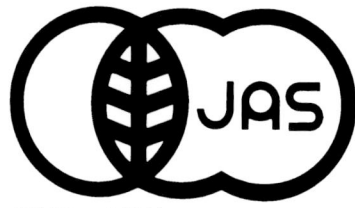

有機JASマーク（日本）

「らでぃっしゅぼーや」野菜箱　d.（株）オリザ・グラフィック　p.倉橋正芳

フランスに本社をおく世界最大のオーガニック認証機関、
エコサートのマーク

イギリスの代表的なオーガニック認定機関のマーク

無農薬、低農薬の農産物につけられる
緑色食品マーク（中国）

有機食品として認定される
お茶のマーク（中国）

安全な食品を運ぶ「東都生協」の配送車
d.（株）スマートデザイン（dd.渡辺雅臣　d.西澤健人）　p.藤原千晴

次世代へ伝える料理

いま、日本の食卓には世界各国のアレンジ料理が並び、独身男性が好む料理は「カレーライス」という時代だ。「幕の内弁当」の伝統を引き継いだ「駅弁」は人気の的だ。しかし、改めて家庭の食事を考えると、どうだろうか。忙しくて料理する時間がない、技術や知識がなく料理がうまくできない、お金がないので食費にかけられない、などの理由から市販の調味料を  使ったり、コンビニやデパ地下のお総菜を買ってしまうことが多いのではないか。長い間、料理教室を開いてきた木村伸子さん（INO CINQクッキングスタジオ）は日本の食生活はシンプルな「素材をいただく」食事づくりでよい、そのかわり徹底して安全で本物の素材を使ってとの思いから、親世代と子ども世代を対象に料理を教えている。日本中あるいは世界から、安全な食材を求め、調理器具は安全と使いやすさに重点を置き、料理の味が生きる食器を用意し、食事のマナーにまで言及する。そして家族が「安全で」「美味しい」ものを食べられる幸せに感謝しながら、その背後にある流通の仕組みまでも考えさせる視点はユニークだ。かつて「料理はデザイン、味はサイン」と名言を吐いたのは、建築評論家の故浜口隆一であった。料理に関心のある人は増えているが、こうした幅広い視点で料理と生活を見直すことが、いのちを守ることにつながる。（F＋木村伸子）

料理教室での授業風景。頭上に取り付けられた鏡で手元はよくみえる（INO CINQクッキングスクール）　p.INO CINQ

子どもを対象にした教室で、豆腐のハンバーグづくり（INO CINQクッキングスクール）　p.INO CINQ

INO CINQクッキングスクールのスタジオ全景　ベランダの続きは井の頭公園の緑という恵まれた環境で、つくり、食べる幸せを共有し、同時にマナーも学ぶ　p.INO CINQ
上：幕の内弁当の伝統を継いだ駅弁　p.坂野長美

ステンレス製のターナー。
非常に薄くくずれやすいものでも返しやすい
m.貝印株式会社　p.藤原千晴

鳥の形のキッチンばさみ。はさみの先は床面に着かず、
清潔が保たれるとともに、取り外して洗うこともできる
m.貝印株式会社　p.藤原千晴

ステンレス製ピーラー2種。便利で安全なものを使いこなす
m.貝印株式会社　p.藤原千晴

ドイツ製胡椒入れ。ふたの中に擦った胡椒をいれてふりかけることで、
湯気によるトラブルを防げる　m.WMF　p.藤原千晴

ドイツ製ステンレスの鍋。底が平なので、ガス、IH両用に使える上ふたのおさえが優れ、
煮汁の排出が完璧。ふたは開けた時、把っ手の上に収まり便利
m.フィスラー　p.藤原千晴

イタリア・トスカーナーのエクストラ
ヴァージンオリーブオイル
m.サンマルティーノ　p.藤原千晴

質の向上を計る排泄ケア

今や世界一の長寿国になった日本にとって、お年寄りの排泄ケアは、心身に及ぼす影響が大きいだけに、重要な課題である。
TENA（テーナ）は福祉先進国スウェーデンの介護施設との共同開発により生まれた、成人用個別排泄ケアシステムである。
軽失禁の方から重度の方まで、お年寄りのあらゆる条件と希望に対応できるように、豊富なラインアップをそろえている。
特徴は「フィールドライメッシュシート」と「二重構造の吸収体」が尿をすばやく吸収することによって、肌に触れる部分はいつもさらさらと乾いていて、快適なことだ。
また、どの製品も装着脱着が簡単で、フィット感も抜群である。機能性が生み出したデザインも極めてシンプルだ。どのタイプも交換表示ラインがにじみ交換時期を知らせるので便利だ。
また長時間、車椅子で過ごされる方のために、やわらかなパルプ材でつくられた防水シートやベッドへの漏れを防ぎたい方のためのシートなども用意されているので、これら製品を効果的に併用することで、より快適な生活が送れる。
TENAを採用することによって、自身で着脱できるお年寄りはもちろんのこと、看護者、介護者の心身の負担を減らすことで、お年寄りとのコミュニケーションに時間をついやすことができることは素晴らしい。
また、製品の優れたドライ機能により、パッドの使用量、ゴミ、洗濯費用、スキントラブルのための治療費を最少限におさえることができるのは、コスト削減の社会的要請に合致する製品としても注目される。（F）

資料提供：ユニ・チャーム メンリッケ株式会社

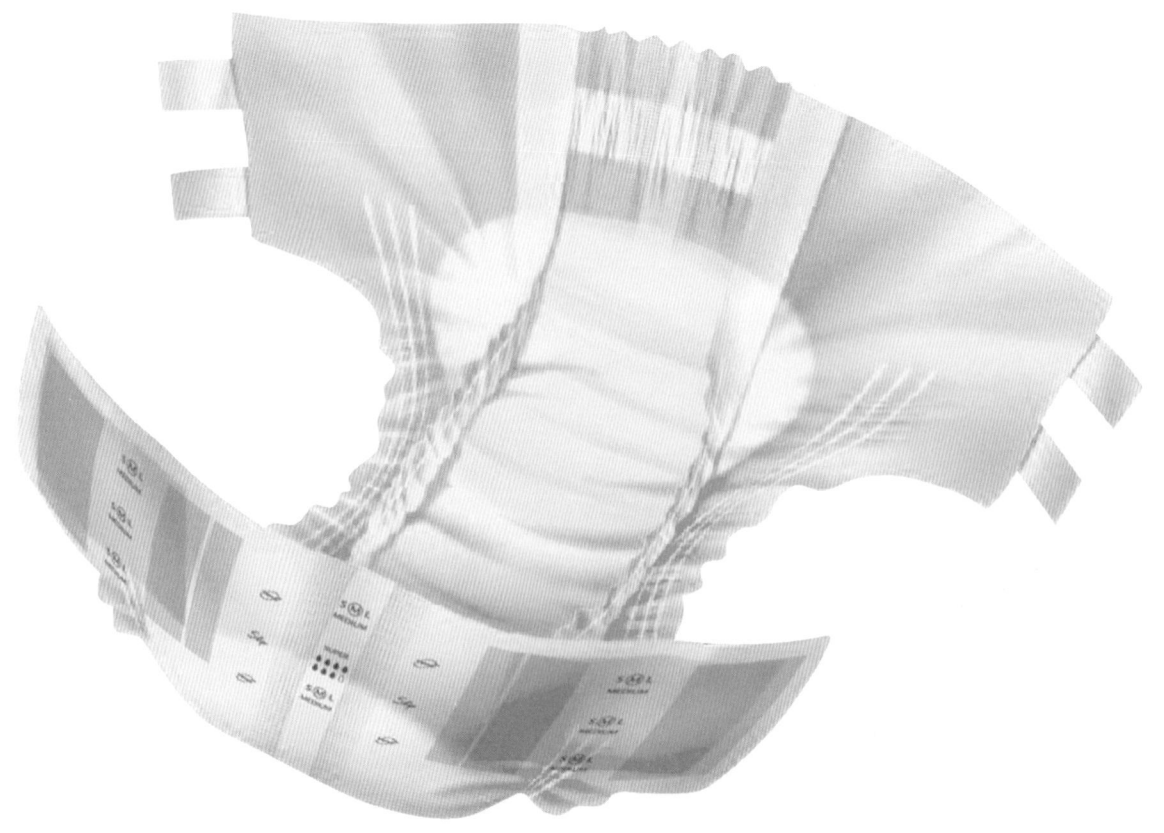

TENAスリップ：重度の方や長時間の使用にも効果的

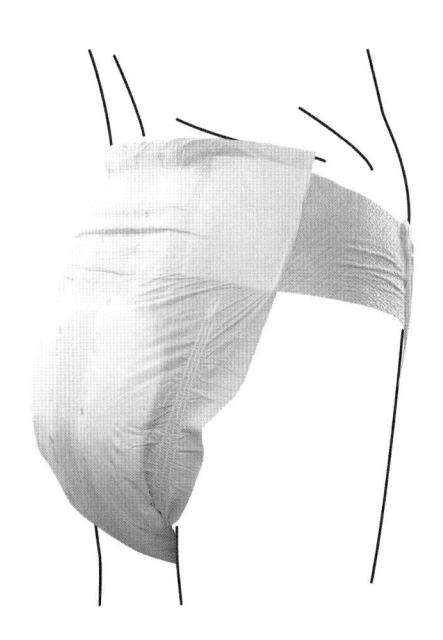

TENAフレックス：装着の情況

TENAコンフォート：下着のような快適なつけ心地である
もれを防ぐ「オールラウンドバリア構造」（特許）で安心と快適を追求した

TENAフレックス：革新的なベルトタイプのパットは利用者だけでなく看護者、介護者にも優しく使いやすい

事故から幼児を守るベビーカー

ベビーカーの前身は1848年、ニューヨークのチャールズ・バートンによって考案された乳母車である。木製の箱に二輪をつけ、長い柄をつけた簡素なものであった。彼は後にイギリスにわたり乳母車の工場をつくった。オデッサの階段の乳母車の存在は、映画史上に残る「戦艦ポチョムキン」の名場面として語りつがれている。

日本には1879年頃に移入され、布ばりや籐製で箱形や船形に幌などがついた形であった。商品名であるバギー(buggy)と呼ばれる椅子型のベビーカー(和製英語)が普及したのは、日本では2002年頃からである。

「コンパクトに折りたため、持ち運びに便利な乳母車が必要だ」と気づいたのは、イギリスの航空工学者であった父親、マクラーレン。最初の1台が生まれたのは1965年のことである。

深いリクライニングシートによって、生後1ヶ月から4歳の誕生日までと、ひとりすわりができる6〜7ヶ月から誕生日までの2型が普通考えられているが、首がすわる3〜4ヶ月から使用出来るタイプもでてきた。

「マクラーレン」は、折りたたんだ状態では自立できないが、コンビがアメリカのデザインチームと共同開発した「スルーラー」と共に、操作性、安全性、デザイン性で他を圧倒している。とはいえマナーや危険へのユーザーの配慮が加わってこそ、大切ないのちを守るのである。(F)

マクラーレン ケイト・スペードライダー
生後1ヶ月から使用でき、ケイトがデザインしたファブリックが魅力
写真提供：マクラーレン

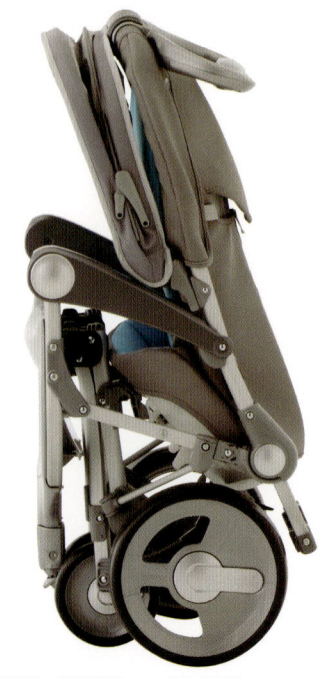

スルーラーUW-450　右は閉じた状態　片手で開閉できるのが特徴で7ヶ月から使える　資料提供：コンビ株式会社

マクラーレン クエストモッドに幼児を乗せて散歩を楽しむ夫婦
日本のユーザーに人気のあるファブリックデザインは7種類、奥行きの出るレッグストライダー装備で安全性も高い
写真提供：マクラーレン

食事支援ロボット

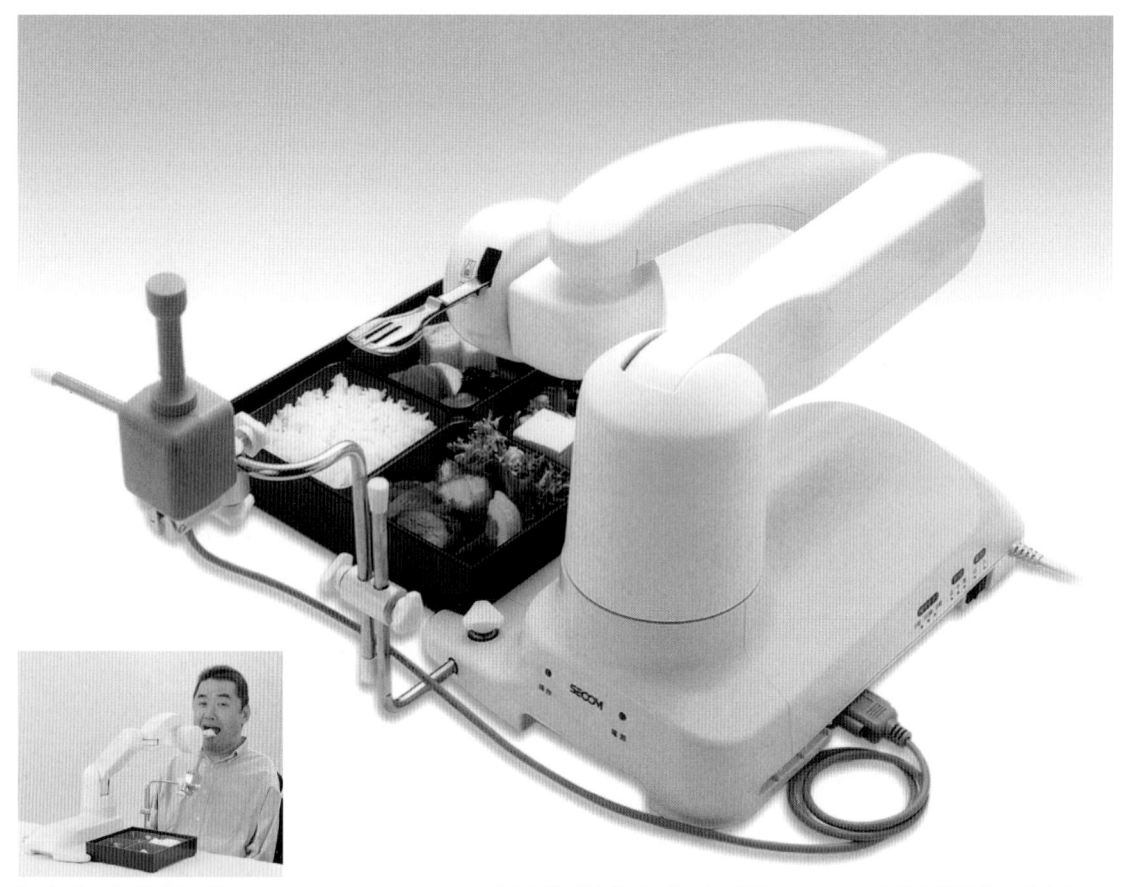

「マイスプーン」の利用イメージ

食事支援ロボット「マイスプーン」 利用者に合せて3タイプの操作装置を選んで食事ができる

人間の代理ができるロボットの開発は、人間の長年の夢であった。高齢化がすすんでいる日本では、介護分野でロボットの力に期待することが多い。その面でセコム（株）が開発した食事支援ロボット「マイスプーン」は期待がもてる。

「マイスプーン」は、頸髄損傷、筋ジストロフィー、慢性関節リウマチなど上肢機能に障害があり、自分だけでは食事ができない人のために開発された食事支援ロボットである。ヘルパーの介助が必要だった人でも、自分の身体の一部を動かすだけで、自立した食事ができる。操作方法や装置は、利用者の身体の状態や、操作する身体部分に合わせて選べる。

①顎や手先の軽いタッチで操作するタイプ
②手が震える人にはしっかりした大きな動きに対応するタイプ
③ボタンを1回押すと口元まで食べ物を運ぶタイプ
の3種類がある。

食べ物が口元に運ばれるまでの一連の動きはシンプルだ。ただし食べ物を一口サイズに切って食事専用トレイに盛り付けておくことが必要だ。操作装置を使い専用のフォークとスプーンが食べ物を掴み、口元へ運ぶ。利用者がスプーンに口をつけるとフォークだけが離れ、利用者はスプーンから食べ物を口へ入れることができる。これはまだ最初の一歩に過ぎないが、利用者の意見をとりいれて、よりやさしい器具への進化が望まれる。（F+T）

写真提供：セコム株式会社

自立支援ロボットスーツ「HAL」™で歩ける感動

日本は世界でも有数のロボット研究国である。特に、最近は労働人口を補い、高齢者を助けるための介護・福祉分野でのロボットの開発に、経済産業省も支援に動きだしている。
自立支援ロボットスーツ「HAL」™は脚に障害を持つ人々や脚力が弱くなったお年寄りの脚に装着して、歩行機能を助けたり身体機能を拡張したり、増幅することができる画期的なサイボーグ型ロボットである。人が身体を動かそうとするとき、脳は筋肉に神経信号を伝え筋骨格系を動かすが、その際、皮膚表面に微弱な生体電位信号が流れる。「HAL」™に搭載された生体電位センサーがその電位信号を検出し、コントロールユニットに内蔵されたコンピュータに送信し、解析データに応じて各パワーユニットを制御し、動作を助けるというもの。開発したのは筑波大学大学院の山海嘉之教授。人・機械・情報系の融合複合分野として「サイバニクス」という領域を開拓した。
既に老人施設、病院などで実際に使われはじめ、自然なフィット感が使用者に好評なのは心強いが、白と黒の無彩色と全体がロボットという形態を強調したデザインがおもしろい。他に工場などの重作業支援、災害現場でのレスキュー支援など幅広い分野での活動も期待される、次代の製品だろう。（F）

上体用パワーユニット

コントロールユニット
（解析／制御用コンピュータ）

バッテリーパック

生体電位センサ
（身体を動かそうとする時に皮膚表面に現れる微小な生体電位を検出する）

下肢用パワーユニット
（角度センサ内蔵）

床反力センサ
（使用者の重心位置を検出する）

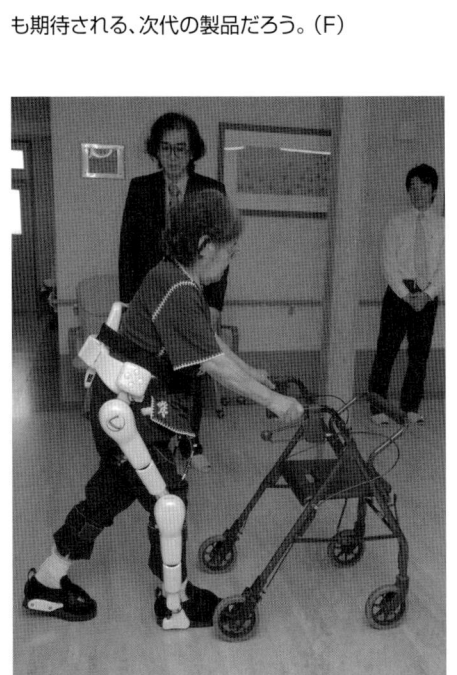

各自の身長や歩幅に合わせて調整し、使用する。阿見第一クリニックで導入された下半身部分　p.(株)常陽リビング社

上・下：ロボットスーツ「HAL」™
Prof. Sankai University of Tsukuba/CYBERDYNE Inc.

いのちを守る色彩

色彩が私たちに様々な心理的・生理的影響を与えている。例えば、黒塗りの橋のたもとが自殺の名所と言われるほど自殺者が多かった。橋が黒のため陰気な印象を与えていることが原因ではないかと、明るい黄緑色に変えたところ自殺者が半減したという。また、暖色系でまとめた老人ホームの一室には認知症の人々を、また徘徊癖のある老人たちには寒色系でまとめた部屋に生活してもらったところ、認知症が改善されたり、徘徊の回数が減ったりする人たちがいたという例もある。暖色は人々に活気をもたらし、寒色は人々を沈静化させ、集中心を高めたりする生理的影響があるからである。

このページの写真は手術着である。近年多くの病院で採用されている色である。手術中に血を見続けていると、心理補色（ややオレンジがかった血の赤の補色である青緑色）が残像現象としてちらついて手術の邪魔をする。手術の現場に緑・青緑・青色があるとこの現象が起こらない。そうしたことからこうした色の手術着を用いてミスを防ごうとする病院が増えているのである。

右頁下は聖路加国際病院の個室である。病室全体を暖色系でまとめ、ナースステーションとの連絡ベル等の装置をやや彩度を落した落ち着いた寒色の帯に納めている。暖色は患者の活力を刺激し、自然治癒力を高める効果をもたらす。その中での帯状の寒色は患者の気持ちを落ち着かせながらも配色の変化づけとしての効果をもって、患者を一層元気づけることになっている。入院する患者の身になって考えられた優れたインテリアである。右上は屋根が無く、照明も弱いため、夜間暗めになりがちなプラットホームの両端部分を改善した照明設備である。明るくすると共に、人々に沈着心をもたらす青みを帯びた照明にすることによって、ホームの端からの自殺が減ることを期待している。JR東日本が山手線の主要駅から始めた整備である。(M)

残像現象を防ぐ手術衣 協力・写真提供：(株)アプロンワールド

照明が増設されたプラットホーム(大崎駅) 写真提供:JR東日本

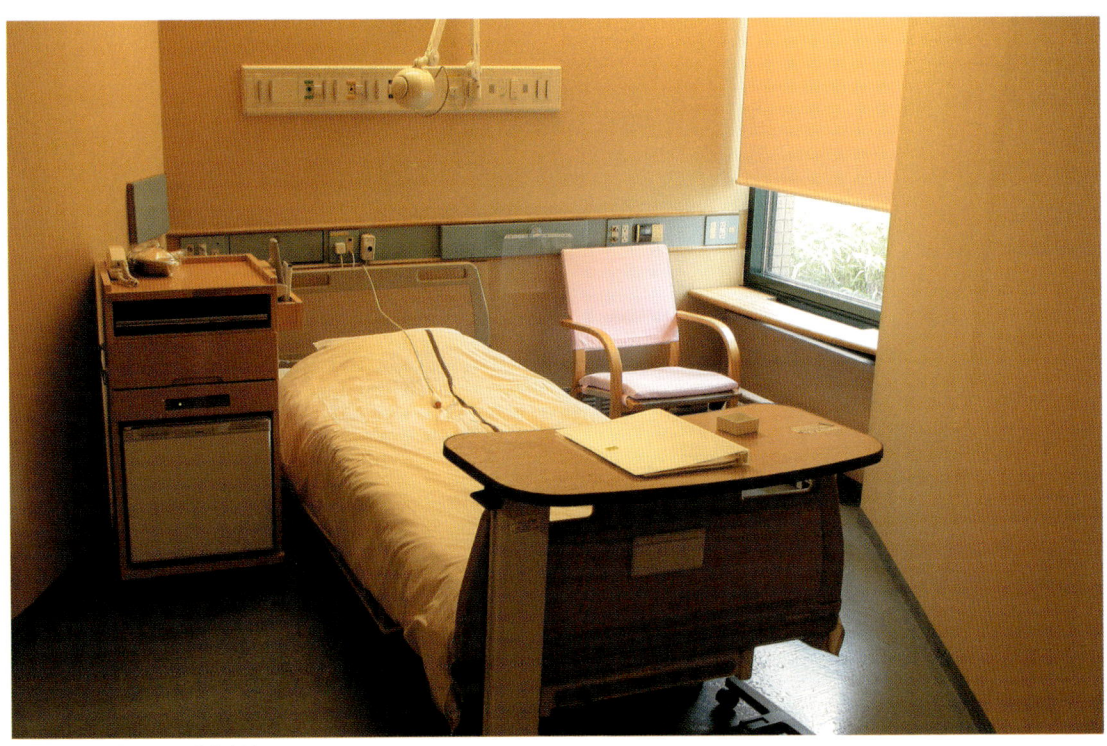

聖路加国際病院個室　p.牧谷孝則

新しい頸椎装具の提案

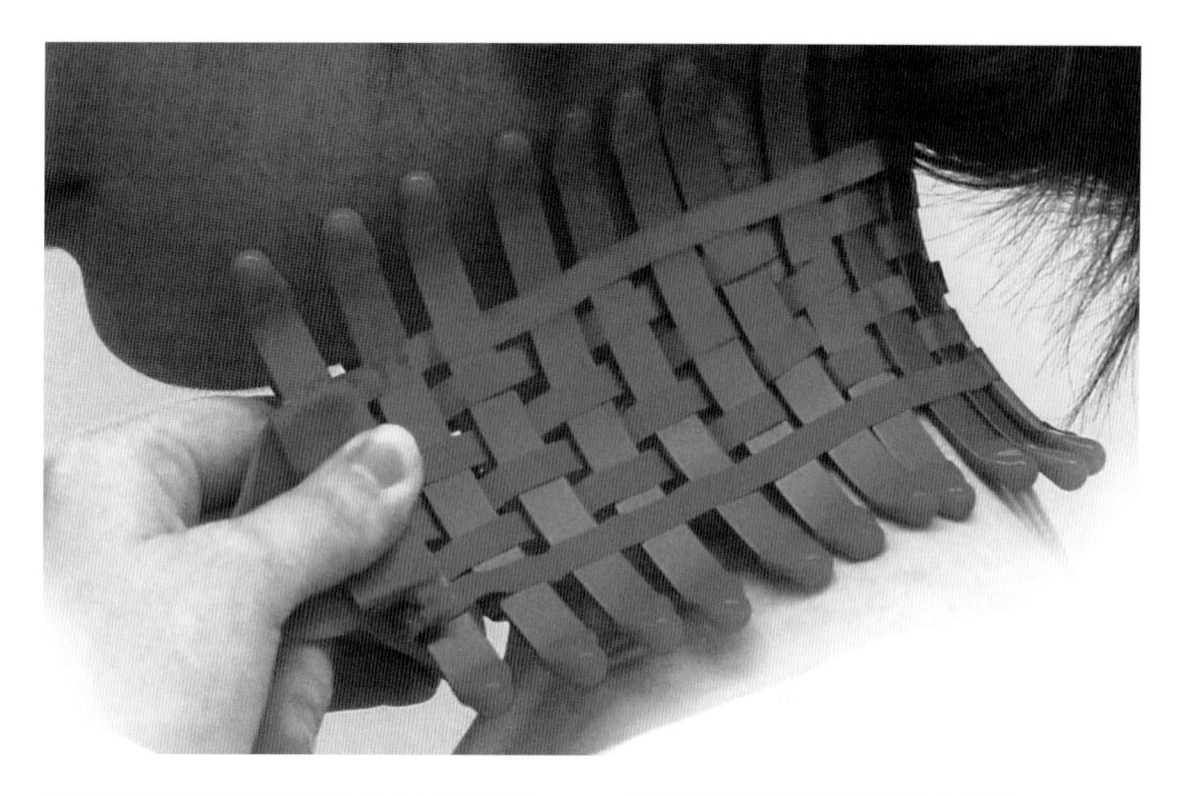

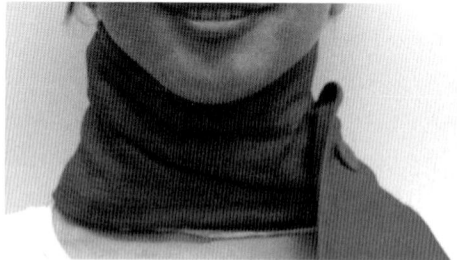

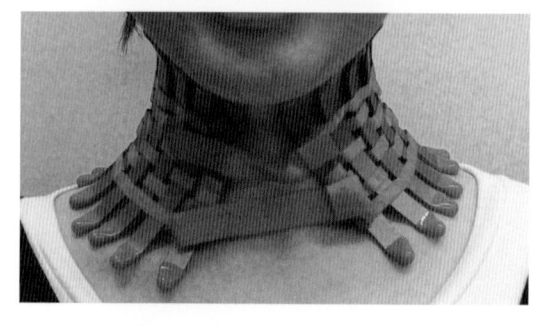

自身の体験がこの装具の提案につながったという作者が、美術大学の卒業制作に出品した、若さ溢れる製品である。従来の頸椎装具を作者が使用して感じた不満点、すなわち外観が悪い、通気性の調節が利かない、収納できない、洗えないなどを改善して、今後、頸椎装具を使用する人たちにとっても、病気や障害をプラスに考えるきっかけになるものをと考えた結果、このデザインが生まれたという。
本体の素材はアルマイト加工を施したアルミにナイロンリボン、カバーはダブルガーゼ、シーツ用布など、痛みを和らげるクッション性のある素材を使うなど工夫がある。また、患者の症状によってはアルミを板バネにしたり、ナイロンリボンを革に変えることを想定するなど、セミオーダーに近いものである。
この装具の特徴は、本体とカバーを分けたことだが、カバーがスカーフのように見えるファッション性がいかにも、若い女性の手になるものらしい。色も7色用意されていて、好みの色が選べることも特徴だ。装具を取り外したとき、鞄にしまえる大きさをめざして、直径110mm、長さ130mmの円筒状に収納できる。汚れたら洗えることも、清潔さを保つために有用だ。整形外科医、義肢装具士など、専門家の評価も高い。この装具が世に普及していくには、まだ、多くの改良点がありそうだが、この発想が将来、見事に花開くことを期待したい。(F)

制作協力
内西兼一郎(国際医療福祉大学教授)、坂井千益(義肢装具士)、吉見知久(整形外科医)、中井完(義肢装具士)、啓成会職業技術専門学校義肢装具科　d.p.須賀じゅん

生活の質を高める義肢装具

全面ソフトな厚地ニットの立体裁断型成形で、複雑構造の膝回りにもフィットする膝サポーター。オープン型と言われる膝頭を露出させるタイプで、両袖にある半円形のカット部分が、脚を左右から包み込むと真ん中で重なり合い、膝頭分の丸窓が開く。上下4カ所の布ファスナーの固定により、自分サイズに調整できる。両開き方式で着脱自由なため、就寝時にはありがたい。膝裏側は通気性のあるメッシュ生地、両横の接ぎ目にはメタルの補強材が通り、ジョイント部では関節入りのため、緊縛されながらも動きやすい。

義肢装具は元来、サイズも体型も違う利用者に合わせたオーダーメイド。国家資格を持つ義肢装具士が担当してきた。しかし近年は義肢条件がより厳しい装具に対しても、規格化可と既製品化の動きが起きて、アイテムも増えている。いま「QOL（生活に質）」という新概念が、医療や福祉分野で重視されている。WHOが1989年、ガンの終末医療のため提唱したのが今では、心身障害者や高齢者介護にまで拡大使用されてきたもので、"いのちを守る"営みを、量だけでなく質的にとらえる考え方。この膝サポーターの満足度は、そのごく一端ながらまさに「生活の質」の向上感であった。（S+O）

膝サポーター膝装具軟性：P.Q.ゲルテックスライト
スポーツー3
m.日本シグマックス株式会社

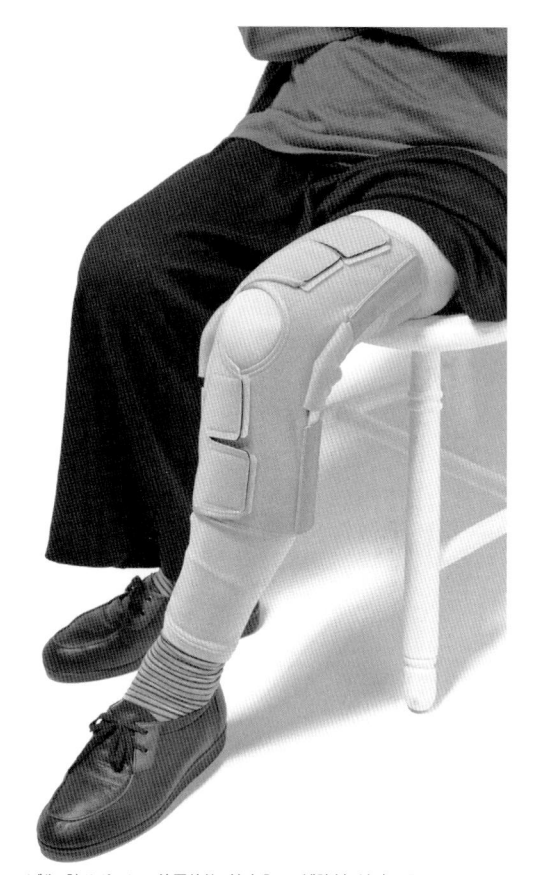

ニット製の膝サポーター・着用状態。筋金入りの補強材が左右に入るのはこの面
p.佐治康生

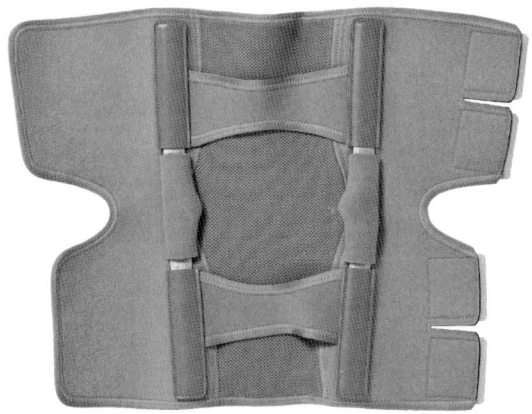

両開き式の展開形・外側　p.佐治康生

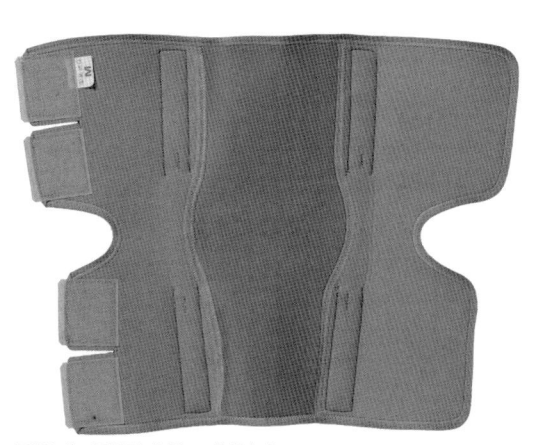

両開き式の展開形・内側　p.佐治康生

究極のユニバーサルデザイン「タッチミー」

「タッチミー」は、視覚だけでなく触覚でも時刻を確認できるアラームクロックである。
この時計は、視覚障害者も使用できることを前提としてデザインされている。
文字盤を覆うガラスは、この時計にはなく、針や文字盤に直接、指先で触れて、時刻を読み取ることができる。時刻を表す数字の代わりにドットやバー状の突起部を設け、針先にも小さな突起を付ける等の工夫を施している。
アラーム停止ボタンと文字盤は同一面に配置し、操作の際、手指に無理のかからないよう、水平面から15度傾けている。
丸みを帯びたプラスチック製の本体形状は、視覚障害者にとって、金属の冷たい鋭利な形状より遥かに安心感を誘うものである。
全人口に対して圧倒的少数である視覚障害者のための生活用品を開発することは、メーカーにとっては利益に繋がらない。
使用者としての「人間」という概念と、マーケットの範囲とを深く考察し、どのように「人間」のための生活環境づくりに貢献していくかが問われている。
（川原啓嗣）

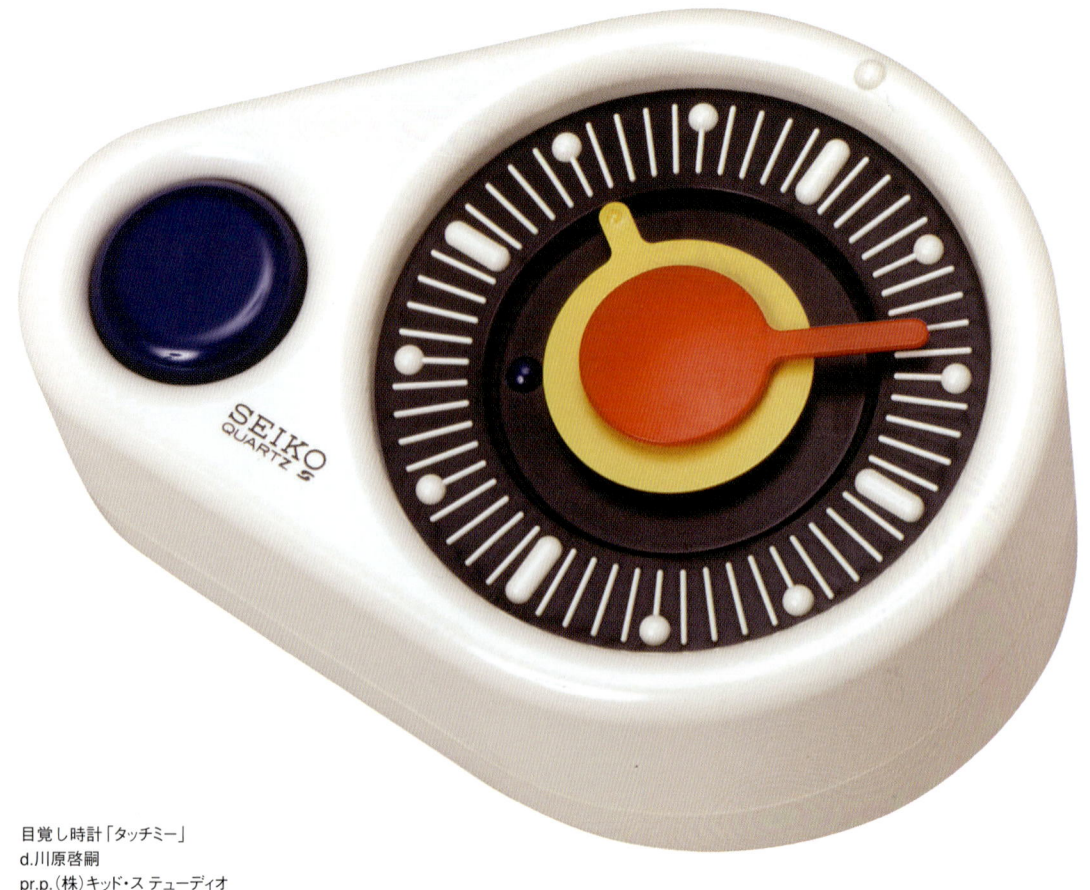

目覚し時計「タッチミー」
d. 川原啓嗣
pr.p.（株）キッド・ステューディオ

聴力支援機器の進歩と進化

20世紀初頭にベル研究所が発明した補聴器の進歩は、パワーアップと器具自体を見せないダウンサイジングにあった。箱形の本体を衣服に潜めるポケット型、本体とイヤホンが一体化した「耳かけ型」、そしていま一番売れ筋の耳穴型。補聴器デジタル化の潮流も、こうした方向を加速させてきた。

「見せない」命題から「見せる」方向性への新しい兆しも見え始めている。携帯音楽プレーヤー風ポケット型で、露出度を高めたICレコーダー調など。ここでは後者をとり上げた。ただしこれは補聴器でなく集音器。難聴者には不向きとされているが、中・軽度の難聴ならこれでも十分だ。法規制で診断・指導を伴う補聴器と比べ低価格なのも魅力だ。

このICレコーダーがモニター機能の利用で、集音器となる。同時に多機能性も享受できる。ただし該当機種を調べてみると、操作上必要な文字と記号表示が最小限で、視認性も可読性も低いため、高齢者にはハードルが高くなる。ダウンサイジングより、ユニバーサルデザインの視点による新たな進化を期待したい。(S+O)

1. ICレコーダー「VOICE BAR SD2」
m.東芝ビデオプロダクツジャパン　p.佐治康生

1. 現在製造終了品だが、デザインの質の高さ、使い勝手の良いメモリーカード方式などで光り、小型の精密機器ならお家芸の日本の前途に希望が持てるような名器だっただけに残念

2. まだ81・91とバージョンアップしているUXシリーズ中でも、手頃な価格帯のスタンダードタイプ。本体内蔵UBSでパソコンとダイレクト接続できる利便性も選択肢である

3. 音響機器のパイオニア唯一の補聴器具。形態や「見え」を意識した色調などデザイン的にはいま一押しの観はある。マイクを本体から分離してレシーバーと一体化した新機軸に、音質の高さも特色

2. ICレコーダー「ICD-UX71」
m.ソニー株式会社　p.佐治康生

3. 集音器「ボイス・モニタリング・レシーバー」femimi VMR=M'77
m.パイオニア株式会社　p.佐治康生

持ち出し防災用具2種

地球温暖化の影響もあってか、最近、世界的に地震、洪水、津波、ハリケーンなど、大規模な災害が相次いでいる。日常的に災害に対する心がまえが必要だが、若い人たちの間にも、こうした考えが浸透してきたのか、美術大学の卒業制作で、災害時の持ち出し防災用具を2点を発見した。

一つは災害時、必要最低限のものを持ち出して避難するための防災セット。状況によって使い分けられるもので、「頭巾タイプ」、「風呂敷タイプ」、「三角巾タイプ」の3種類の形状と機能に変化させることができる。

最低限におさえられた必需品は、いかにも若者らしいものだが、普通の生活者としては果たしてこれで、十分であろうかとの疑問が残る。だが、黒と赤の色彩といい、若者好みのデザインは秀逸。これから、いろいろな場面を想定して改良をつづけていくことが望まれる。

もう一つのフロシキはデザインの完成度において、やや劣るが、前者と同じように身の回りのものを包んで運んだり、応急手当用として用いるほかに、フロシキの表と裏を情報として使うのがユニークだ。フロシキの色、模様によって、避難場所（地域）を明示して、避難時の混乱をさける効果がある。裏には救急方法の図解などをいれたいとのことだが、これも、素材を含め再考の余地は多々ある。しかし、いずれも若者らしい発想とデザインは今後に期待がもてる。(F+O)

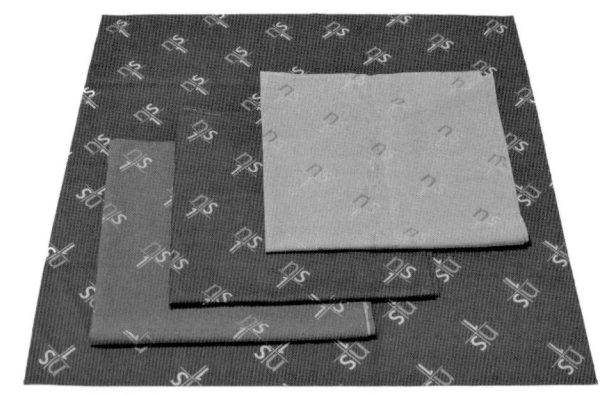

地域の避難場所をデザイン表示した風呂敷　d.p.渡辺直子

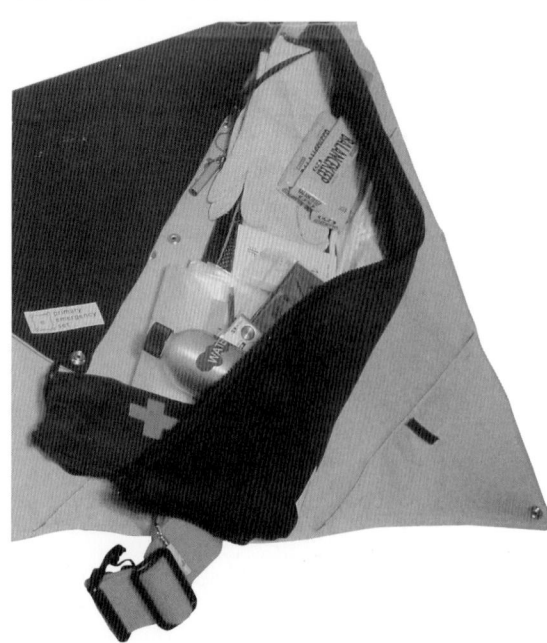

避難・防災多目的パッケージ用具　d.福井 武

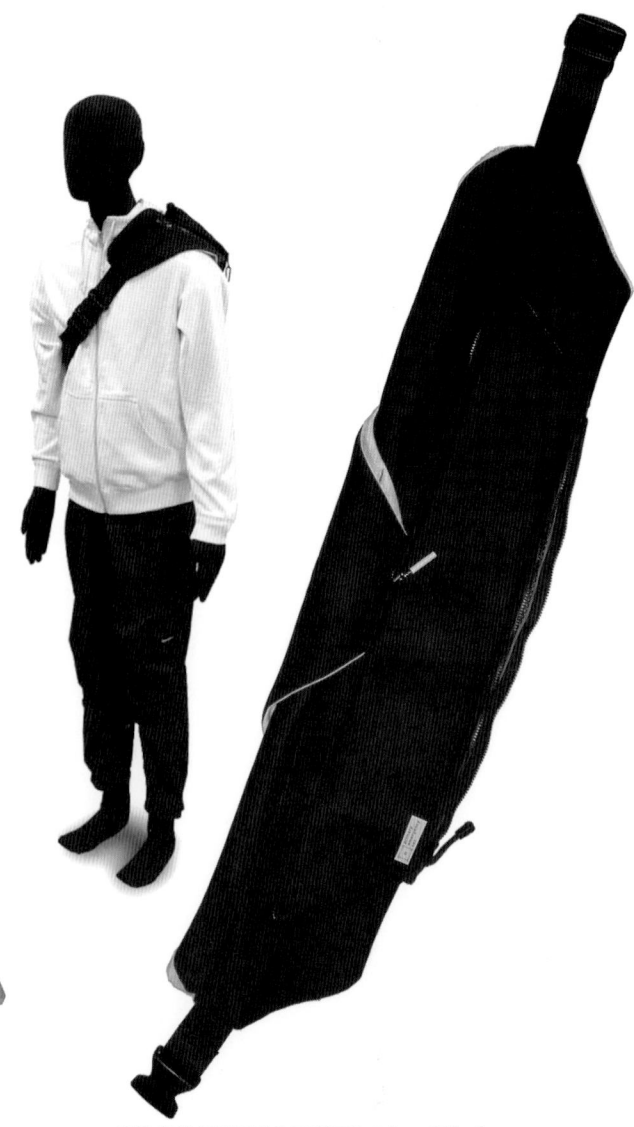

避難・防災多目的用具使用例（図上・下）　d.福井 武

出火を瞬時に止める家庭用消火器

出火の際、素早い消火が大火になるのを未然に防ぐという、家庭用消火器の存在は貴重だ。

セコム（株）の消火器「トマホークマッハⅡ」は、片手だけの簡単な操作ですばやく消火できる。操作は3段階。

ボタンはグリップを握ったまま、その握った手で、薬剤の放射も停止も簡単に操作でき、火元から的確に消火できる。またグリップ周りの保護カバーは、消火時の手を火や蒸気から守る。デザインは従来の赤い消火器のイメージを払拭したグレイトーンで仕上げられ、家庭内の何処においても違和感がない。

オプションで「セコム・ホームセキュリティ」とオンライン接続しておくと、万一の火災時には信号を自動発信し、適切に対処するシステムを利用できる。オフィスやレストランには一回り大きい型も用意されているという。普段から常備しておきたい一品である。（F+T）

資料提供：セコム株式会社

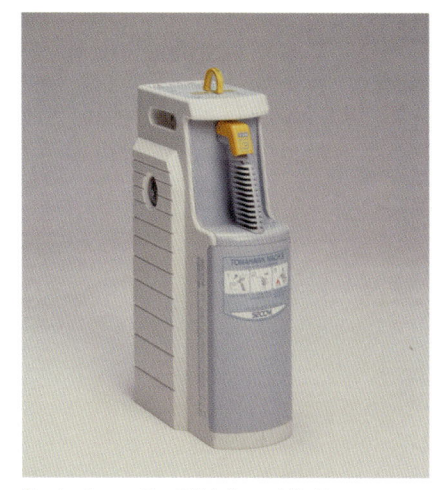

「トマホークマッハⅡ」　店舗やオフィスなどには赤色（国家検定品）の「トマホークマッハⅠ」もある

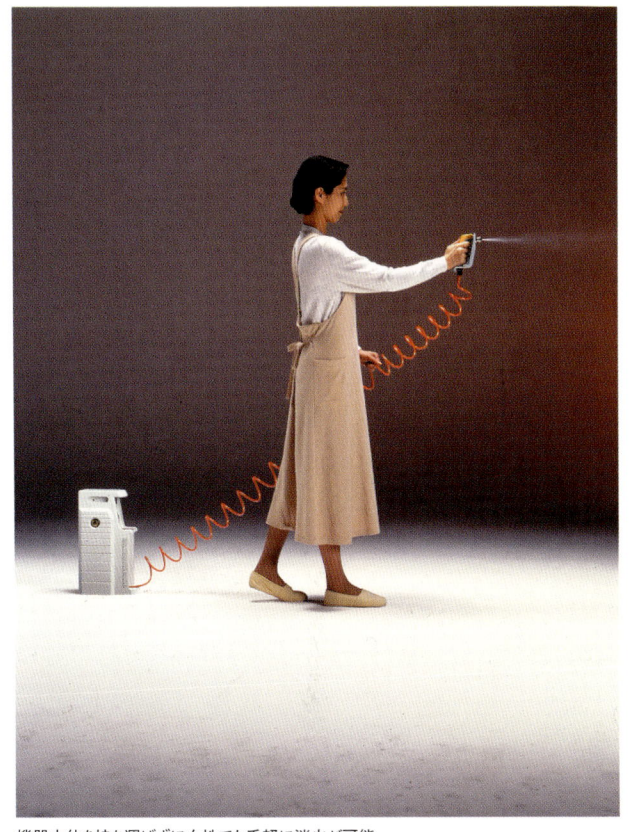

機器本体を持ち運ばずに女性でも手軽に消火が可能
放射距離は4〜6m（ホースは5m）

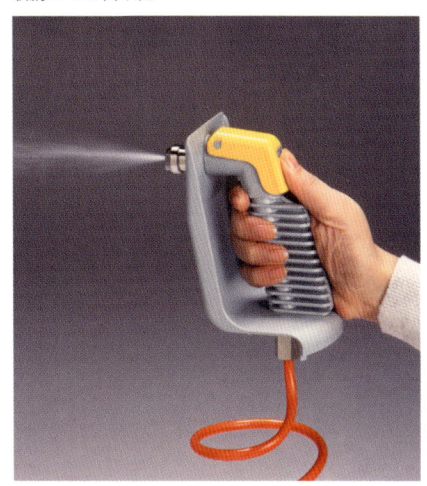

安全栓をとり、グリップを引き抜くと収納ホースが出てくる

ノズルを火元に向けてボタンを押すと、消化剤が放射される

自然な歩行支援器具「ウォーク」

福祉先進国デンマークで開発されたスプリング式の歩行支援器具は、脚が悪くて歩行の困難な子どもたちにとって頼もしい器具である。下肢、特に関節への負担を少なくし、適度な加重で歩行が自然にできるのが特徴である。歩きやすいように、垂直から15度前傾の歩行姿勢がとれて、疲れたらその場で腰掛け、休むことも可能である。
タイヤが大きいので、室内ばかりでなく、公園や校庭など屋外でも利用できることから、障害のある子どもたちの歩こうという気持ちが増して、リハビリ効果が広がるという。子ども用のミニウォークのほか、大人も使えるメイウォーク(最大胴周り90〜105cm、脇下の高さ91〜105cm、股下の高さ58〜83cm)もあるので、お年寄りの介護用具としても使える。
ヨーロッパの厳格な安全規格に準拠したCEマークを取得済みなので、安全性の面でも折り紙つきだ。
転倒防止装置や逆進ブレーキなどのオプションもあるので、必要な装置をつけて使いこなしたい。(F)

ミニウォーク

ミニウォークに乗った子ども
スプリングサスペンション機能により関節への負担が緩和できる

大人用のメイウォーク
写真提供：フランスベッドメディカルサービス株式会社

スニーカーのような車椅子

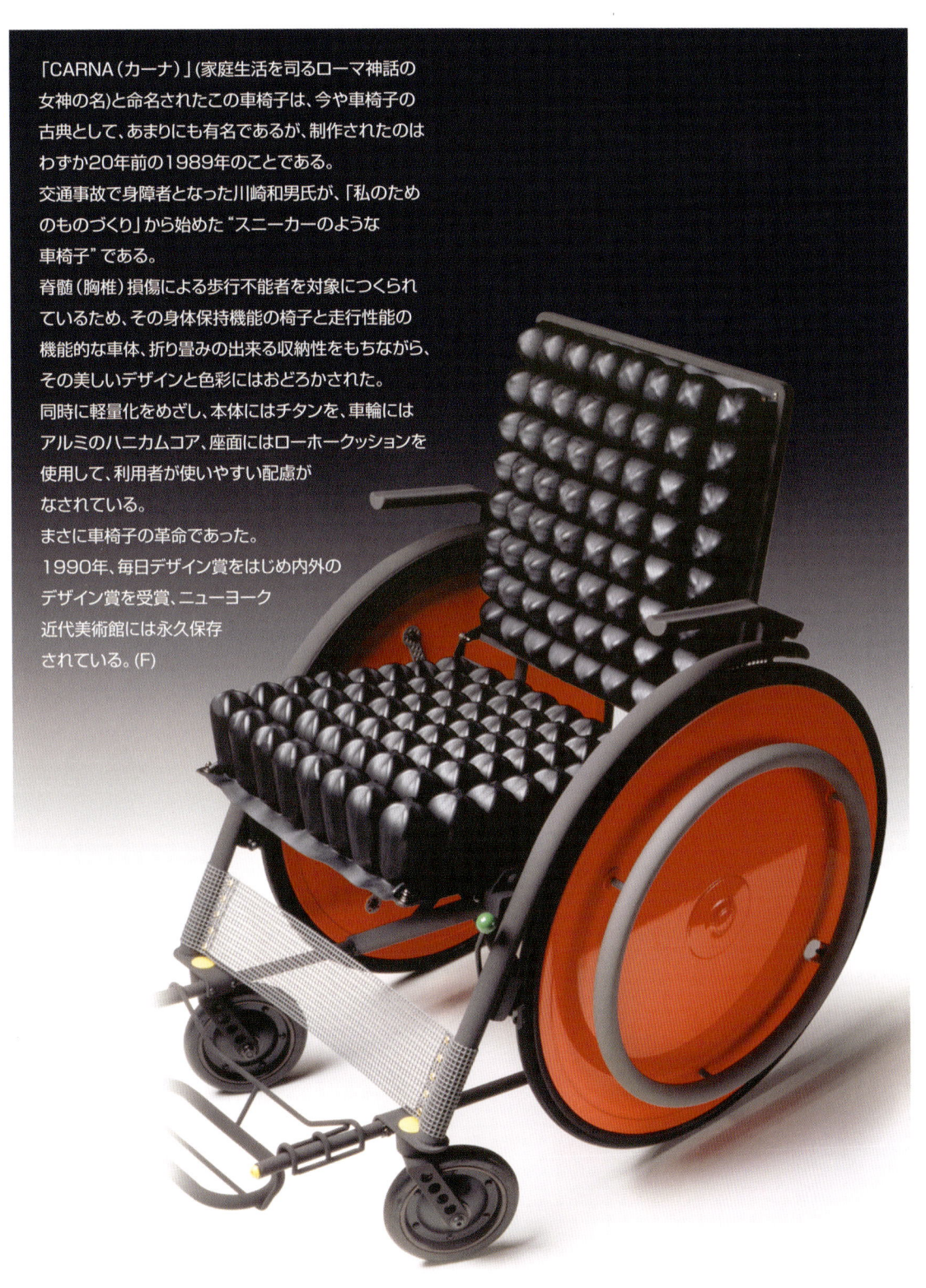

「CARNA(カーナ)」(家庭生活を司るローマ神話の女神の名)と命名されたこの車椅子は、今や車椅子の古典として、あまりにも有名であるが、制作されたのはわずか20年前の1989年のことである。
交通事故で身障者となった川崎和男氏が、「私のためのものづくり」から始めた"スニーカーのような車椅子"である。
脊髄(胸椎)損傷による歩行不能者を対象につくられているため、その身体保持機能の椅子と走行性能の機能的な車体、折り畳みの出来る収納性をもちながら、その美しいデザインと色彩にはおどろかされた。
同時に軽量化をめざし、本体にはチタンを、車輪にはアルミのハニカムコア、座面にはローホークッションを使用して、利用者が使いやすい配慮がなされている。
まさに車椅子の革命であった。
1990年、毎日デザイン賞をはじめ内外のデザイン賞を受賞、ニューヨーク近代美術館には永久保存されている。(F)

「スニーカーのような車椅子〈CARNA〉」 d.川崎和男　p.藤塚光政

足としての車椅子

20世紀初め、身体に障害を持つ人々（特に戦争で傷ついた人々）の間で車椅子を使ったスポーツが始まった。それが発展して1989年国際パラリンピックが開催され、4年に一度のオリンピックと同時に、同じ都市で開かれるようになった。ここから車椅子の機能が飛躍的に発展したのは、想像に難くない。このスポーツ用車椅子の自由自在の動きが、一般障害者の車椅子にも求められるようになってきた。フィット性、軽さ、強さに加えて、デザインの良さが選択の重要な要素になってきた。

オーエックスエンジニアリングの車椅子は、会長の石井重行氏がオートバイ事故によって車椅子生活をせざるをえなくなったことにより生まれた。社員にも車椅子ユーザーが多く、親身で適切なアドバイスが、ユーザーには貴重だ。この車椅子の特徴は、セミオーダーであることから、シート寸法からブレーキレバーまで、約10項目にわたって寸法を変えることができるうえに、豊富なアクセサリーを選択できるし、ホイールやタイヤの色も選べるという。選択の幅の広さには驚かされる。

一番の特徴は機能性に裏付けされたデザインの良さで、車椅子スポーツマンや若者に人気が高い。TBS系のテレビドラマ「ビューティフルライフ」でヒロインの常盤貴子が愛用していたことも、影響しているかもしれない。

自立した車椅子ユーザーばかりでなく、介護用にもその性能とデザインがいかされている。(F)

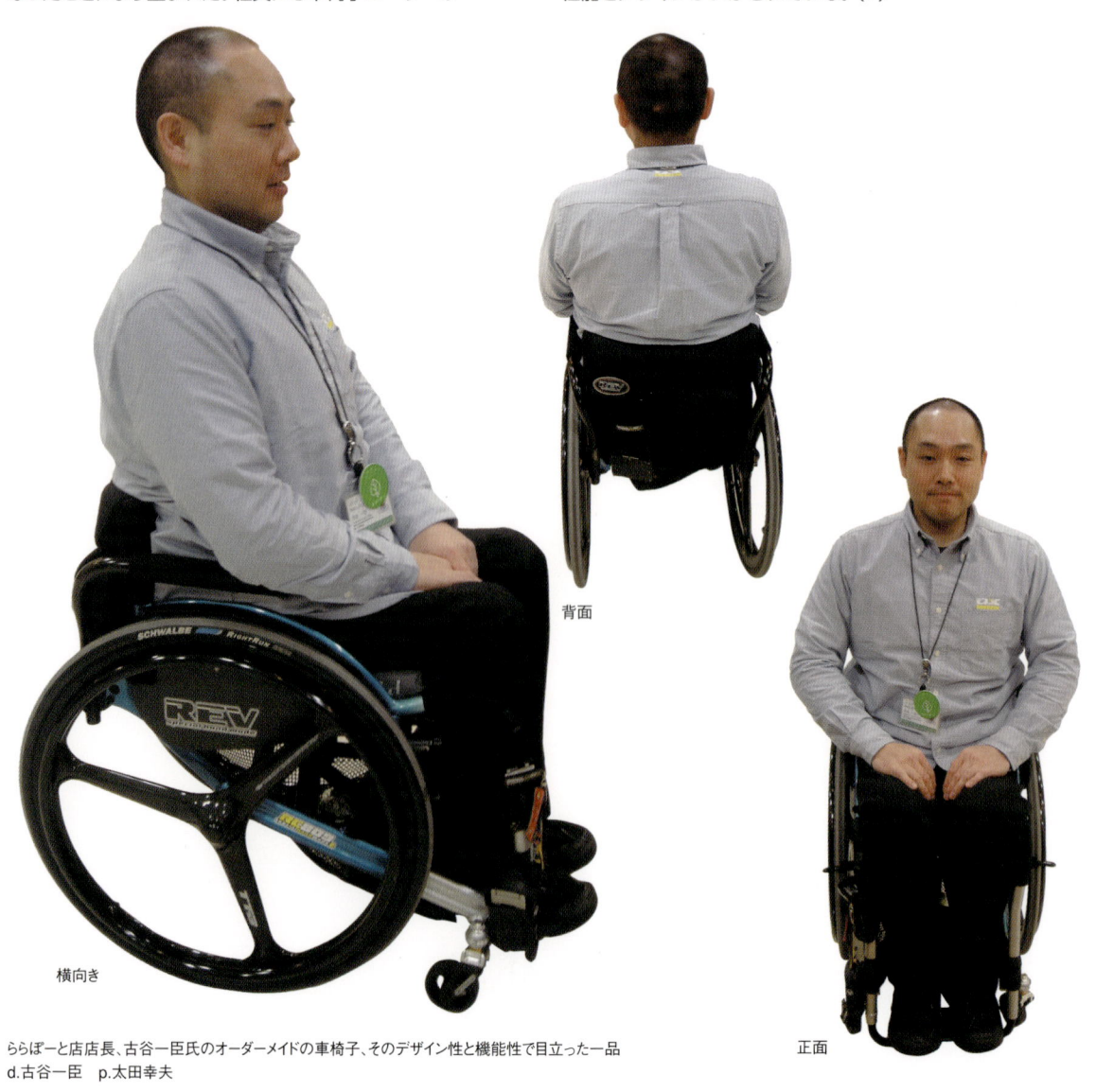

横向き

背面

正面

ららぽーと店店長、古谷一臣氏のオーダーメイドの車椅子、そのデザイン性と機能性で目立った一品
d.古谷一臣　p.太田幸夫

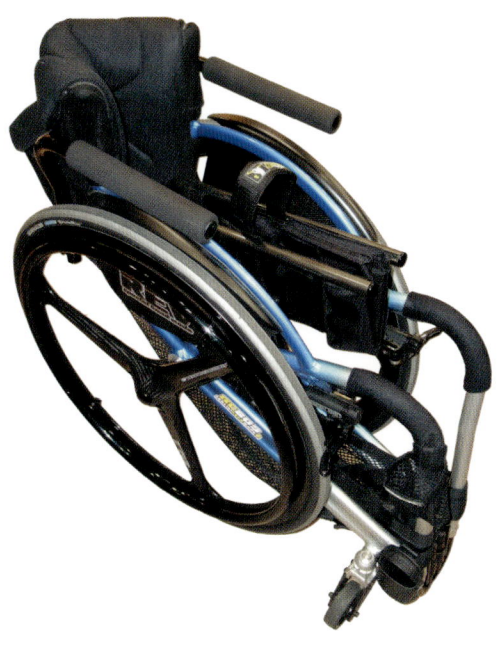

折り畳むとハンドリムの端から端まで280mm、重量約8.8kg　p.古谷一臣

ショールームスタッフのユニフォーム　p.太田幸夫

船橋ららぽーと内のショールーム　p.太田幸夫

新分野への挑戦―ピース・キーピング・デザインと人工心臓

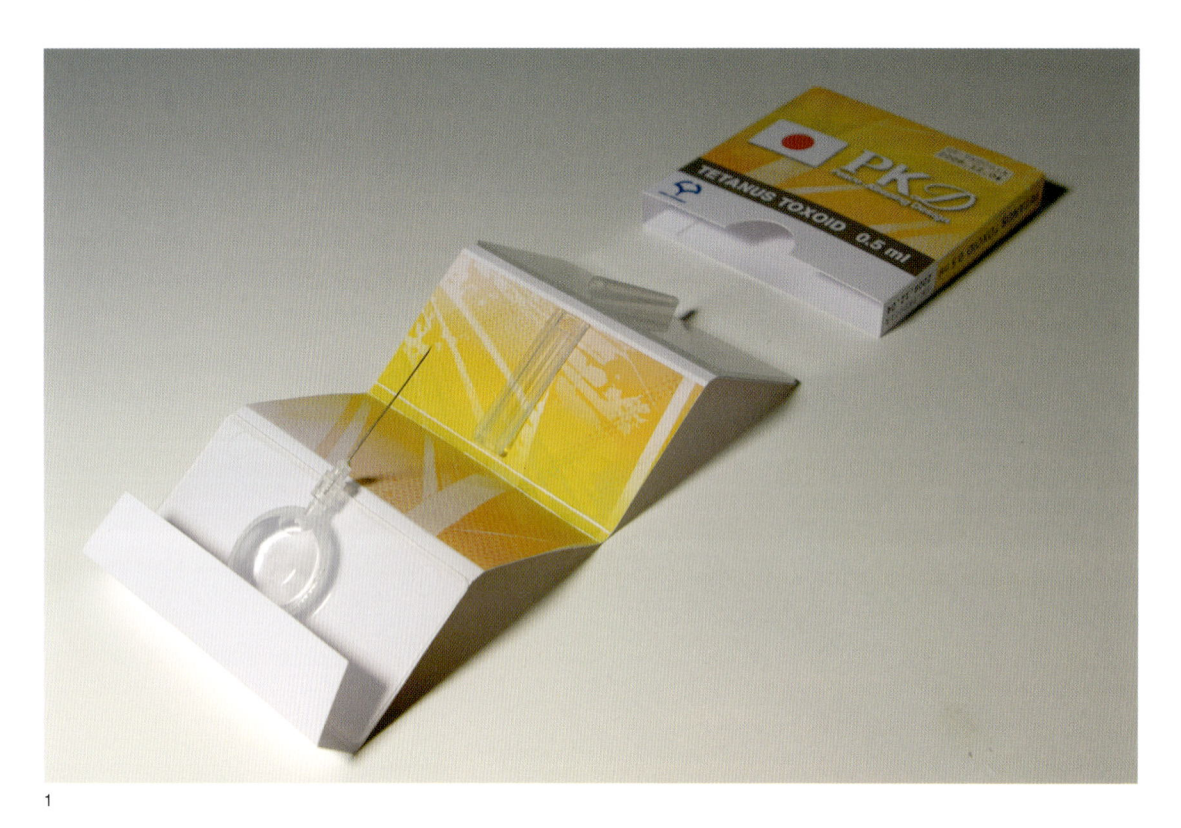

1

デザインの新しい分野に次々と挑戦をつづけてきた川崎和男。彼が現在、取り組んでいる二つの大きなテーマはピース・キーピング・デザイン（PKD＝Peace Keeping Design）の活動と全置換型（完全）人工心臓である。2007年12月、PKD立ち上げの発表時に提案したのがワクチン接種のデザインシステムと災害医療救援のトリアージデザインシステムであった。デザインの平和への寄与を強烈に印象づけるものである。
一方、人工心臓は自身心臓に病を抱えられている氏の思いが具現化しつつあるもので、身体の中に入るものなら、なおさら美しいものでなければならないという川崎氏の美学が追究されている。
デザイナーがここまで出来るのかという畏敬の念とともに後に続くデザイナーの輩出を心から期待したい。（F）

1 発展途上国向けのワクチン接種のデザイン（タイプ1）
　使用から廃棄にいたるまでを熟考したシートカード形状の注射器
2 発展途上国向けのワクチン接種のデザイン（タイプ2）
　ワクチン接種から廃棄までを直感的に正しく使える、2重円筒型の注射器
3 災害医療救援デザイン
　被災地での傷病者に対して、3段階の治療優先度を判定分類で決定するトリアージシステム。タグには簡単な個人情報が読みとれるQRコードが内蔵されており、将来はICチップ、そして遺伝子チップへ進化される予定
d.p.川崎和男
　　　　　　　　資料提供：川崎和男研究室

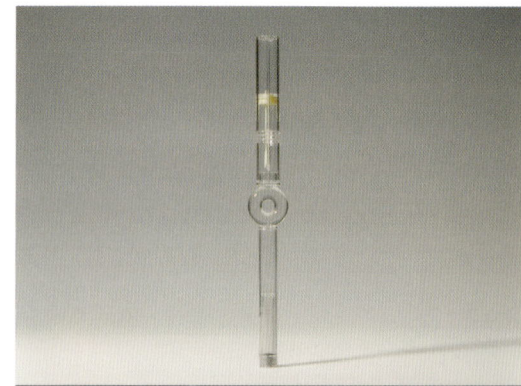

2（上）3（下）

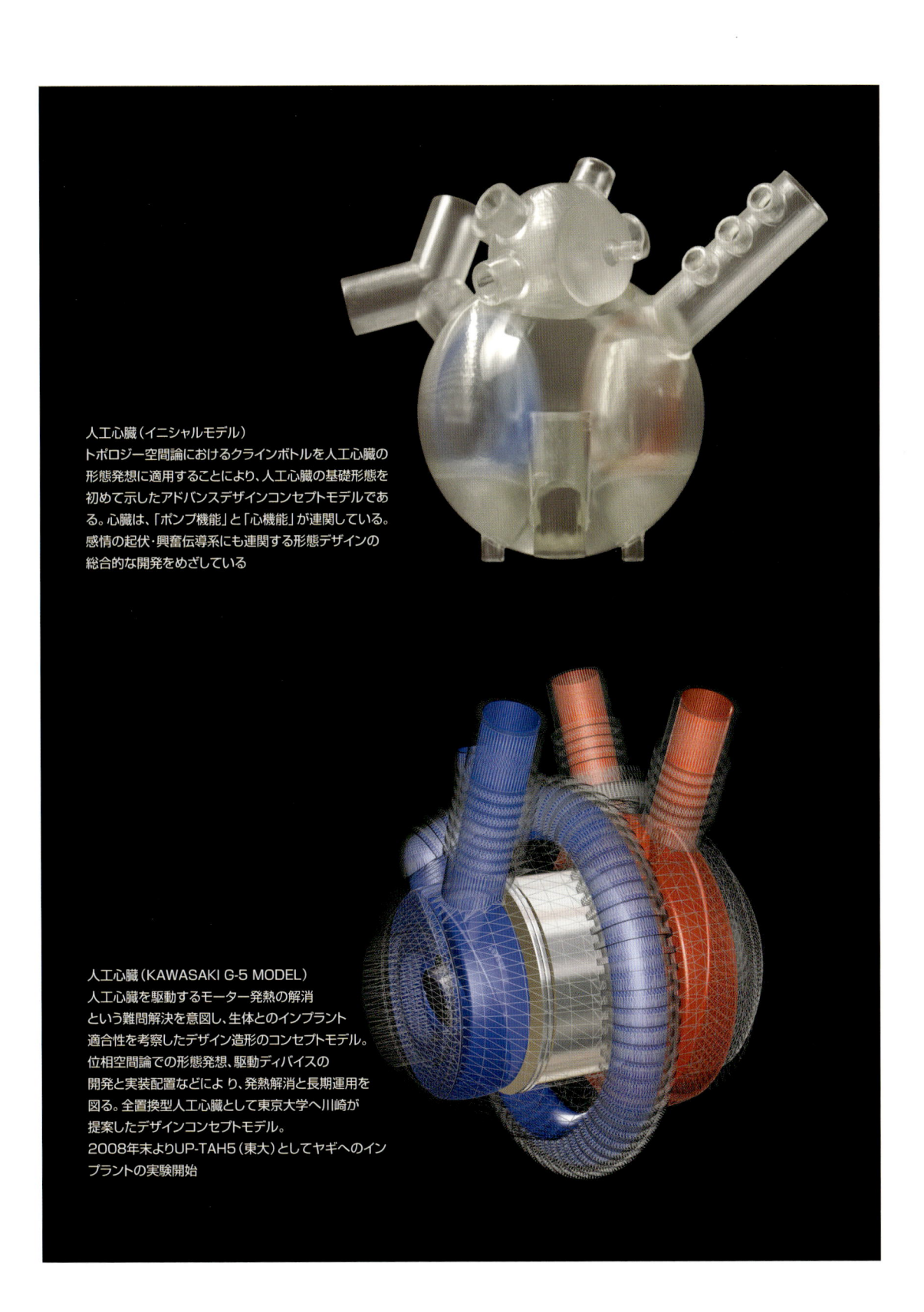

人工心臓（イニシャルモデル）
トポロジー空間論におけるクラインボトルを人工心臓の形態発想に適用することにより、人工心臓の基礎形態を初めて示したアドバンスデザインコンセプトモデルである。心臓は、「ポンプ機能」と「心機能」が連関している。感情の起伏・興奮伝導系にも連関する形態デザインの総合的な開発をめざしている

人工心臓（KAWASAKI G-5 MODEL）
人工心臓を駆動するモーター発熱の解消という難問解決を意図し、生体とのインプラント適合性を考察したデザイン造形のコンセプトモデル。位相空間論での形態発想、駆動ディバイスの開発と実装配置などにより、発熱解消と長期運用を図る。全置換型人工心臓として東京大学へ川崎が提案したデザインコンセプトモデル。2008年末よりUP-TAH5（東大）としてヤギへのインプラントの実験開始

医療看護支援ピクトグラム

高度先端医療が施される病院であっても患者さんがいつもと同じ生活を送ることができるために、そこに集まる人たち（病院全職員、患者・家族、面会者）のちょっとしたまなざしや声かけが「私は見守られている」という患者さんの実感を生み、厳しい療養生活を和らげる。それは病と対峙する力にもなるだろう。「いのちを見守る」きっかけづくりの一助になればと願って、医療看護支援ピクトグラムは開発された。（横井郁子）

開発：ベッドまわりのサインづくり研究会メンバー
代表：横井郁子（東邦大学医学部看護学科）
橋本美芽（首都大学東京 健康福祉学部）
濱野拓微（鹿島建設 建築設計本部）
島津勝弘（島津環境グラフィックス デザインディレクター）
藤原康人（パラマウントベッド 事業戦略本部 企画部）
藤田 衛（山下設計 建築設計部門 第1設計部長）
社団法人日本サインデザイン協会推奨

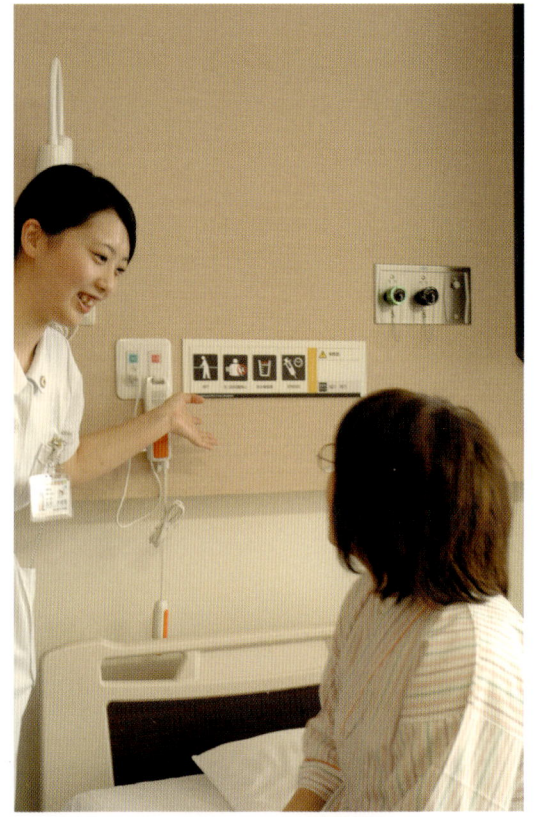

ピクトグラムのベッドサイド表示についての事前説明（旭川赤十字病院）
p.島津勝弘

ピクトグラムを用いて入院生活を説明　p.宇佐見雅浩

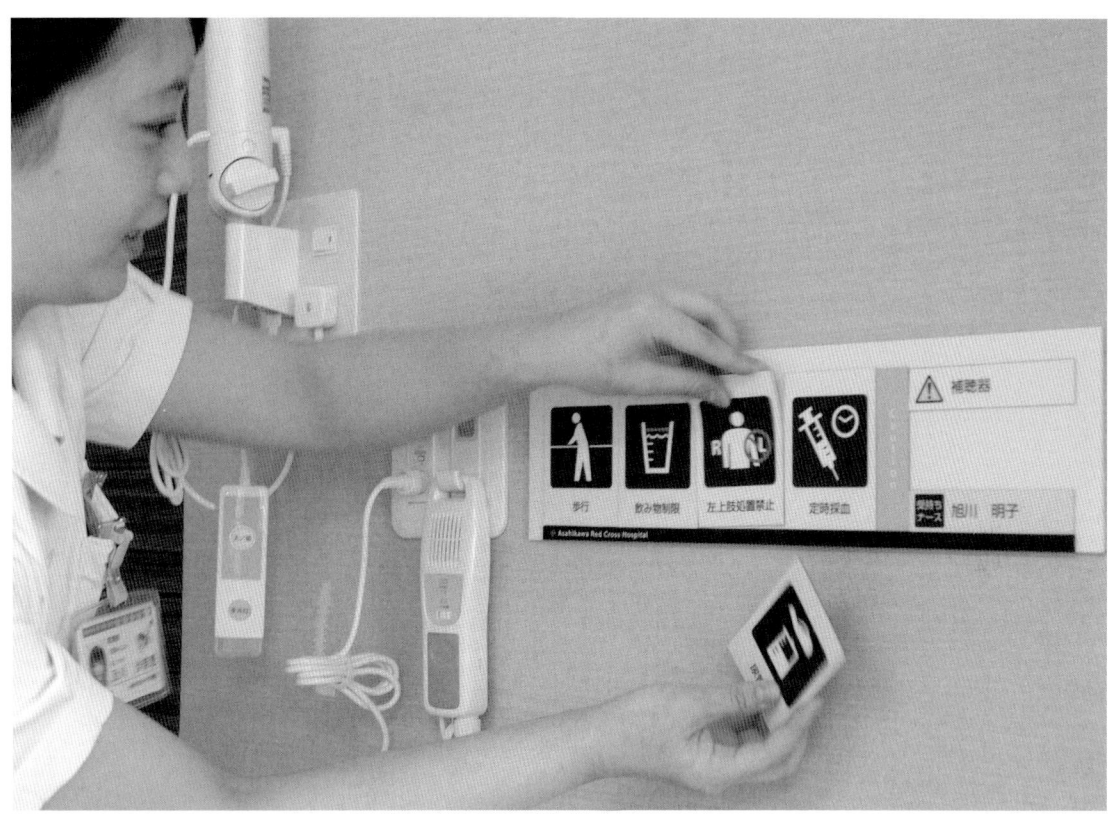

マグネットパネルで貼り替え（旭川赤十字病院）　p.島津勝弘

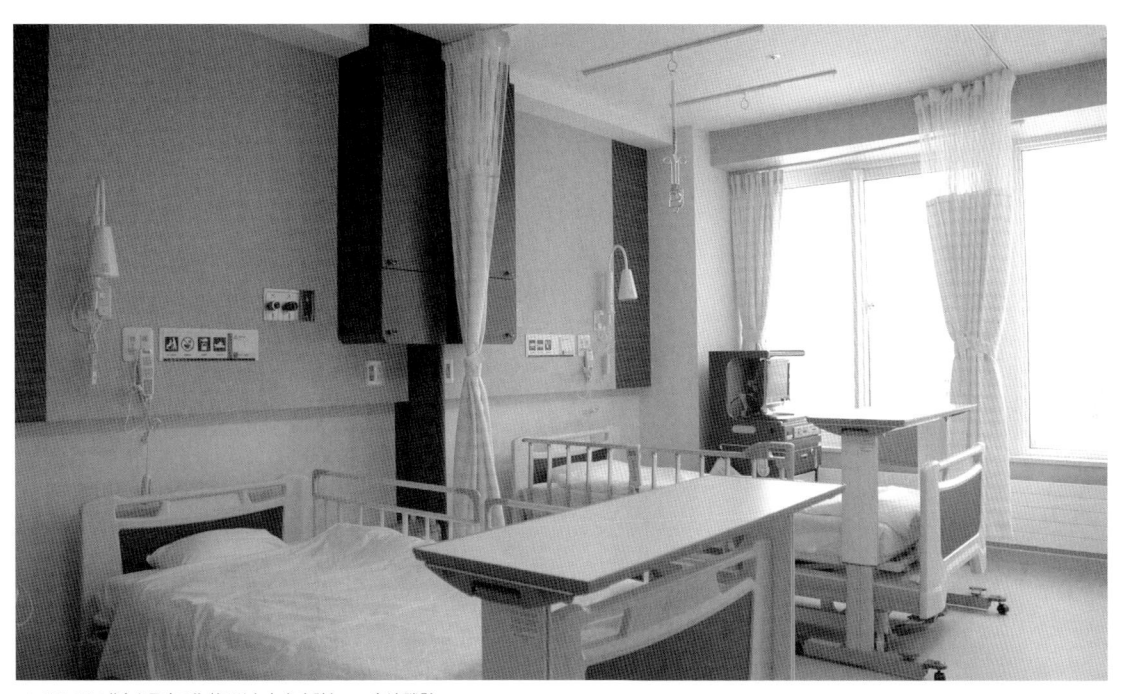

ベッドサイドで"命を見守る"（旭川赤十字病院）　p.島津勝弘

脳性マヒ児を解放した電動タイプライター

オリベッティ社の電動カナタイプライターが我が国で普及するのには、障害者のために一生を捧げた女性、井出たけ子氏とオリベッティ日本支社並びに〈カナモジカイ〉の涙ぐましい尽力があったことは忘れてはならない。山梨県甲府市で肢体不自由児の学園「あけぼの学園」の教師であった井出氏は、能力も意志もありながら身体の不自由さから、文字を書けない児童のために電動カナタイプライターを使うことを思いつき、オリベッティ日本支社に相談をもちかけた。イタリアの有名なタイプライターメーカーであるオリベッティでは、仮名文字の電動タイプライターという事業にならない製品づくりに真摯に取り組み、井出氏の情熱に応え、他の施設にも普及したのである。現在はパソコンにとってかわられたが、イタリアで生まれた電動カナタイプライターの見事なデザインは、いま、井出氏が所長をつとめる「あずま太陽の家」に大切に保管されている。(F)

電動タイプライターに挑戦する障害児と井出たけ子氏

美しく保管されていた電動タイプライター(オリベッティ社製)　p.太田幸夫

電動タイプライター　p.太田幸夫

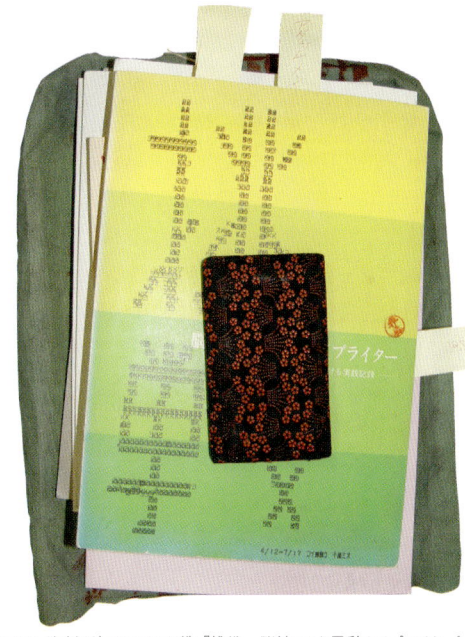

下から、資料が包まれていた袋、『挑戦―脳性マヒと電動タイプライター』（1976年8月発行）、井出たけ子氏の印傳の名刺入れ（印傳は「あずま太陽の家」で授産活動の一部として行われてきた）　p.太田幸夫

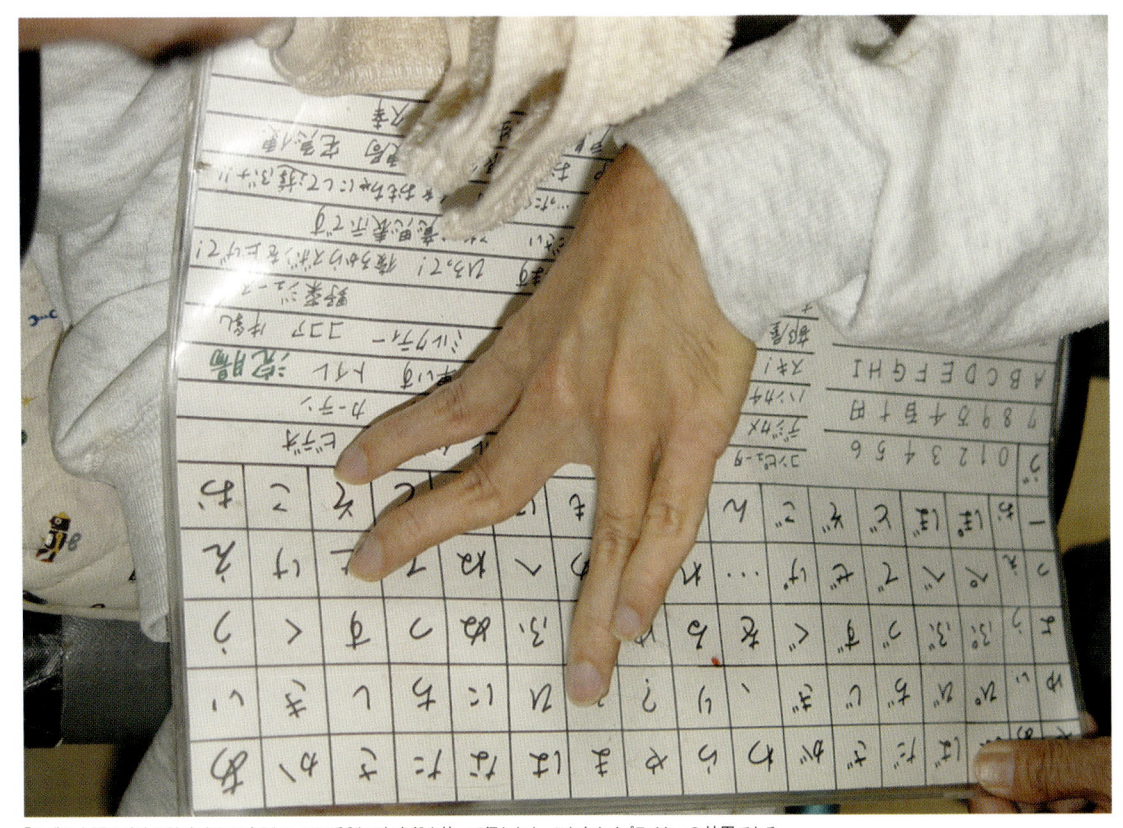

「あずま太陽の家」の障害者との会話は、この手製の文字盤を使って行われた。これもタイプライターの効用である
p.太田幸夫

薬の正しい服用法指示デザイン

インドでは、水薬を空き瓶でもらう習慣があって、酒瓶と殺虫剤を間違えたり、文盲の母親が薬の投薬指示の文字を読めなくて幼子を薬害死させている。「汎太平洋デザイン会議'89東京」でこうした惨事を報告したボンベイのS.Sサティー教授は、ピクトグラムを見ればすぐ薬の正しい服用法がわかるコミュニケーションデザインを開発して、「安全」をテーマとするイコグラダ・フィリップス賞('81) 優秀賞に選ばれた。
薬の正しい服用指示は従来、病院や薬局で受けとる薬の容器や薬袋に文字で表示されてきた。用語の難しさ、文字サイズによる視認性や可読性の低さ、そして国語の違いなどが、その理解を困難にしてきた。
全国の製薬会社で構成される薬の適正使用協議会では、こうした現状をピクトグラム (51種類) のデザインによって改善する活動をしてきた。文字とことばによる説明を、さらに絵文字で確認してもらうためだ。
そのデザイン成果の改善によって協議会活動に協力する'06産学官共同研究が多摩美術大学造形表現学部デザイン学科太田幸夫クラスで実施された。ここでは協議会と共同研究のデザインを比較評価した調査結果を報告する。(O)

d.協議会デザイン：藤村亨（ユニバーサルデザインフォーラム）、
　共同研究デザイン：太田幸夫、本多智彦、安間幹、A.マーカス他
co.郭翀

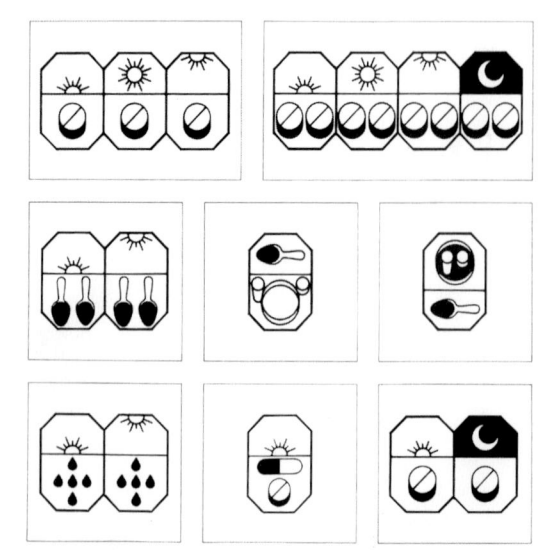

ふらふらすることがある
舌下薬（舌の下でとかす）
うがい薬（うがいをする）
ビンを振ってはいけない
多めの水で飲む

S.S.サティー教授提案の投薬指示ピクトグラム　左上より 朝・昼・夕各1錠、朝・夕各2さじ、食前・食後など

本研究では日本国内と中国本土でアンケート調査を行った。右頁に示すデザインは回答者数の違いで明らかなごとく、共同研究の成果に高い評価が見られた。
飲む回数と時間を表すデザインでは、朝・昼・夜のシンボルを枠で囲み、正方形の下半分に口を開けた頭部と手を共通にあしらった協議会のデザインが高い評価を得ている。朝だけ1回飲むのであれば、昼と夜の形に×印をつけるという具合。

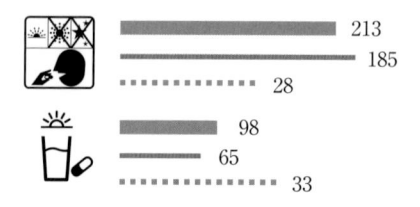

213
185
28
98
65
33

頭部のデザインや「ビンを振ってはいけない」の場合に手をあしらった評価の高い協議会のデザインを、'09年太田クラスで再度リデザインし、バージョンアップした（上図）。

点鼻薬(鼻にさす、鼻腔に噴霧する)
- 99
- 96
- 3

- 253
- 189
- 64

錠剤やカプセルをこわしてはいけません
- 96
- 67
- 29

- 217
- 183
- 34

点眼薬(眼にさす)
- 78
- 67
- 11

- 237
- 181
- 56

眼軟膏(眼につける)
- 61
- 50
- 11

- 238
- 191
- 47

眠くなることがあります
- 89
- 68
- 21

- 219
- 176
- 43

フラフラすることがあります
- 98
- 67
- 31

- 241
- 213
- 28

吸入薬(のどに噴霧)
- 81
- 66
- 15

- 232
- 183
- 49

説明書をよく読む
- 126
- 101
- 25

- 182
- 144
- 38

冷蔵庫に保管
- 120
- 98
- 22

- 179
- 139
- 40

くすりをぬる前後に手を洗う
- 84
- 69
- 15

- 257
- 208
- 49

合計 ━━━ 日本結果 ─── 中国結果 ·······

2種類のデザインの比較評価結果：数字はよいと答えた回答者数 太線は合計、実線は日本での回答数、破線は中国での回答数

患者中心の理念 ― 聖路加国際病院

いま、病院のあり方が問われるなか、市民が選ぶ良い病院ランキングに毎年、上位をしめている病院が東京築地にある聖路加国際病院である。創立は1902（明治35）年米国聖公会の牧師によって設立された。創設の理念「キリスト教の精神のもと、患者中心の医療と看護を行う」はいまもチャペルを中心にひきつがれている。医師・看護師等の教育・研修、予防医療（人間ドック）や緩和ケアなど、常に医療の最先端の役割を果たしてきた。1992（平成4）年、新世紀の医療に応えうる理想の病院をめざして、新病院が完成された。
B2階、地上11階建て延床面積60,729㎡（約18,500坪）の建物は隅々まで心配りがなされている。病室の個室は新機能を備えているばかりではなく、色彩にも配慮がなされている。6階屋上には光と緑をテーマに屋上庭園があり憩いのスペースとなっている。

病院のシンボルであるチャペル内部（1933年竣工）
ar.アントニン・レーモンド、ジェ・ヴァン・ヴィー・バーガミニ、ベトリッヒ・フォヤーシュタイン　p.牧谷孝則

診療階の大きな壁面には随所に絵画が飾られ、各所に談話スペースを設けるなど、病院という緊張感を緩和させる環境づくりに力が注がれているのが、市民の評価が高い所以であろう。(F)

屋上庭園　d.内山緑地（株）東京支店　p.牧谷孝則

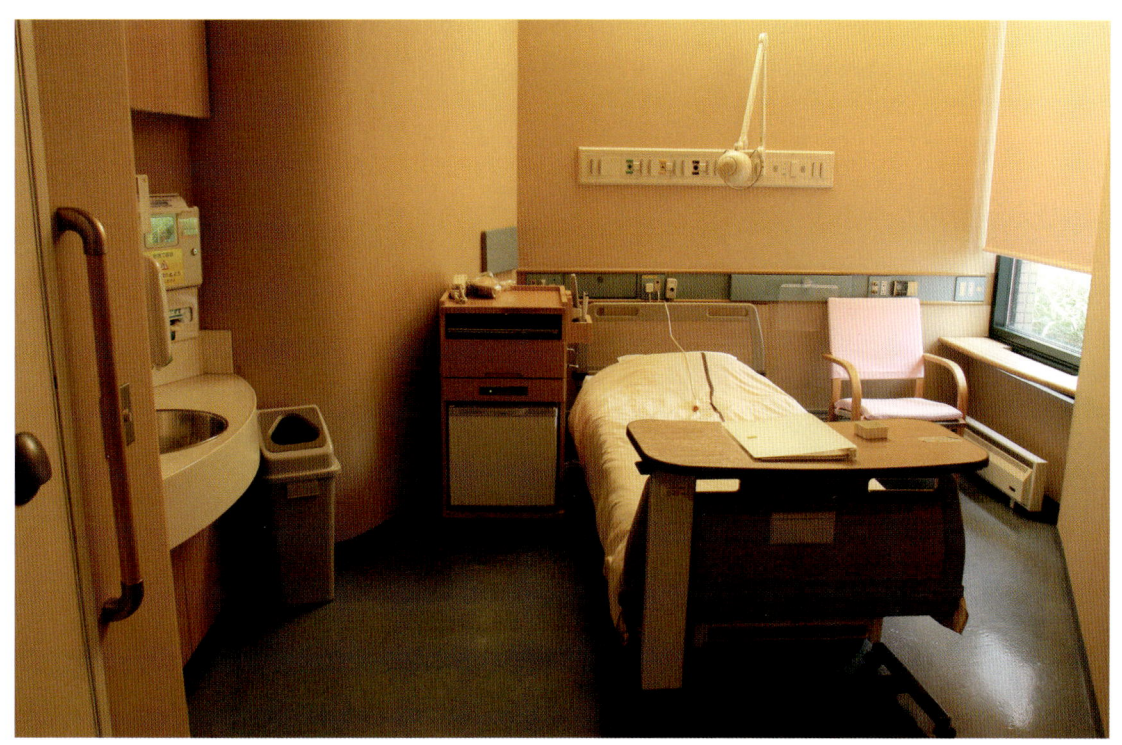

病室。ベッド上の壁に緑（酸素）、黄（空気）、黒（吸引など）の接続装置がそなえられている
ar.日建設計（株）　c.清水建設（株）　p.牧谷孝則

病室の中のシャワー室兼用トイレ　ar.日建設計（株）　c.清水建設（株）　p.牧谷孝則

63

緑の中の老人病院―浴風会病院

東京・杉並区の一角、緑に囲まれた広大な敷地に老人専門の病院、浴風会病院はある。創業は1923年、関東大震災で扶養者を失ったお年寄りのためにつくられた養老院がその源である。
当時の27,500坪（90,750㎡）から減少はしているが、現在はそれでも19,045坪（62,849㎡）という敷地に病院をはじめ、特別養護老人ホーム、軽費老人施設、グループホームなどの老人福祉施設や認知症介護研究所などが点在し、老人の総合福祉施設としての役割を担っている。
1926年8月、内田祥三によって設計された病院（現在は浴風会本部）は東京都の「歴史的建造物」に指定され、シンボルとして、今も健在である。現在の病院は老人施設設計では定評のある信設計事務所によって設計され、1975年に竣工している。B1階、3階建ての低層の建物は、圧迫感がない。1階の待合室と病棟との間に池のある中庭をもうけ、お年寄りの患者さんたちに、快い空間を与えている。

一歩庭にでれば、創立当時からの大木が「長寿の木」としてあちこちに緑の陰を残し、本部前の庭園には四季の花が咲き乱れている。圧倒的な緑のなかで、心も身体も癒され、静かに人生の終わりを過ごすには相応しい空間である。(F)

外来待合室に面した中庭　ar.信設計事務所　p.藤原千晴

浴風会本部（旧病院）　ar.内田祥三　p.藤原千晴

中庭から病院を望む　左 病棟　右 診療棟　ar.信設計事務所　c.(株)大林組　p.藤原千晴

病院から中庭を望む　左 本部(旧病院)　右 養護老人ホーム　p.藤原千晴

マスクで防ぐ新型インフルエンザ

2009年春、世界中を震撼させた新型インフルエンザは、WHOによって、警戒水準フェーズ6までひきあげられたが、その後も拡大をつづけている（2009年9月現在）。
通常、インフルエンザは主な感染経路が飛沫感染と接触感染といわれている。予防には手洗いとともに、咳、くしゃみなどの飛沫感染を防ぐために、マスクの使用（特に、不織布製マスク、現在は殆どがこのタイプ）が奨められている。

もともと、日本でマスクが浸透したのは、スペイン風邪が流行した1919年以降で、当時はガーゼ、さらし木綿のほか、黒ビロードやサテンの表地に芯の入ったものが使われていたという。その後もマスクといえば、ガーゼが主流であった。
マスクのデザインに注目が集まったのは、ユニ・チャームが開発した立体型の「超立体マスク」や立体をプリーツで

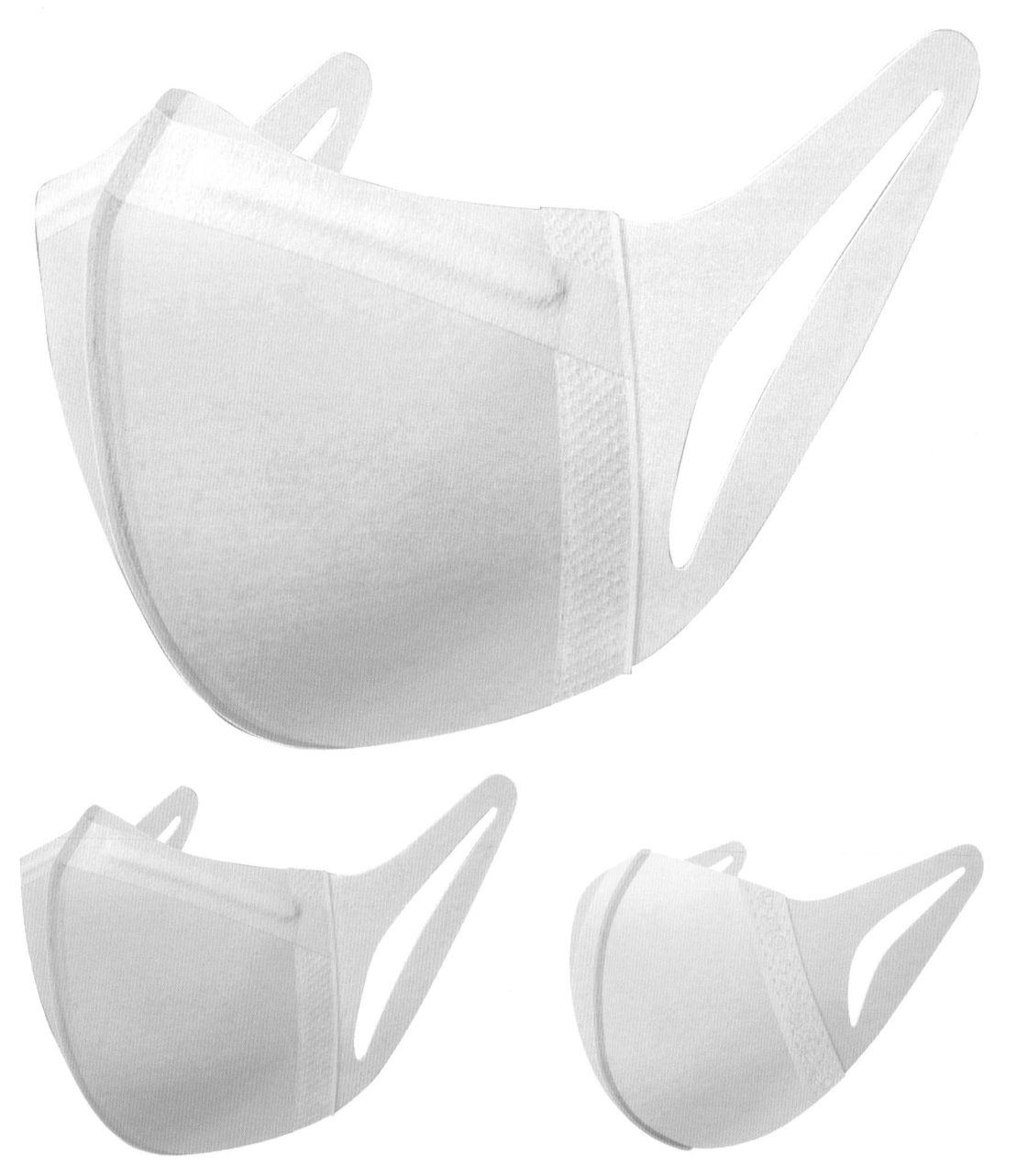

ユニ・チャームの「超立体」マスク　下左：ウイルスガード　下右：キッズ用　やわらかな素材が好評　資料提供：ユニ・チャーム株式会社

解決する興和の「三次元マスク」からであろう。
一時、マスク不足から、沢山のメーカーが参入したが、口元とマスクの間に空間ができて、保湿効果があるという機能と見た目のデザインの両面から、この2種のタイプが主流を占めることになりそうだ。
その後、耳にひもをつけず、顔にはりつける高性能マスクが売りだされた。他のメーカーも顔とのすき間を少なくし、ウイルスをおさえるという方向に改良を加えながら、よりよいモノを提供するという競争も激しいが、これは使い手にとっては喜ばしい傾向である。（F）

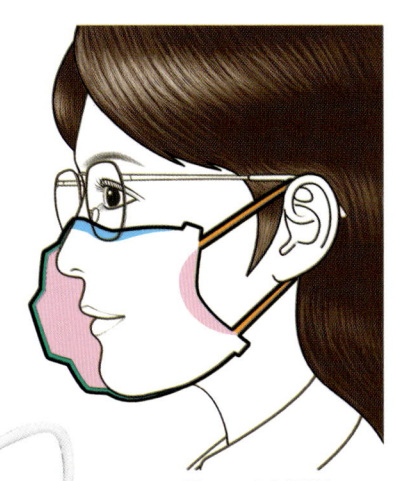

正しいマスクの着用図

プリーツの折り目を縦にのばして広げる

マスク上のノーズフィッターを鼻の形に合わせて曲げる

興和の「三次元」マスク　上：普通サイズ　下：女性用
資料提供：興和株式会社

いのちを救うAED

最近、病院はもちろん、駅や公共施設など、町のあちこちで見られるようになったAED。正式には自動体外式除細動器（Automated External Defibrillator）という医療機器である。AEDは心臓の心室が小刻みにふるえた状態になり、血液を送りだすポンプ機能が失われた状態（心室細動）になった心臓に対して、電気ショックを与えて正常なリズムを取り戻す役目を担っている。
2004年7月から日本でも医療従事者ではない、一般市民でも使用できるようになった。
心室細動をおこすと、3〜5秒で意識を失い、呼吸が止まる。発症から1分経過するごとに10％ずつ救命率が低下するといわれているので、できるだけすばやい救命措置が必要である。
この普及には(財)日本心臓財団が力を尽くしており使い方には、各地の消防本部や日本赤十字社、また保健所や病院で講習会を開催しているほか、操作方法を機器自体の音声ガイドが指示してくれる。
しかし、何よりも重要なのは機器自体が目立ち、使いやすいということだろう。AEDのピクトグラムはよいデザインだが、機器本体はデザイン面であと一歩ということだろう。
最近、医療制度の崩壊が社会問題化しており、何軒もの病院をたらいまわしにされた患者が死亡するという事故が相次いでいる。医師の助けはなくとも、近くにいる人によっていのちを救うことができたら、素晴らしいことではないか。最近は東京マラソンに参加したタレントの松村邦洋氏が途中で倒れ、AEDのおかげで一命を救われたという例がある。そのためには、普段から、設置されている場所と使い方（それも一度は講習を受けて）をよく知っておくことが重要であろう。（F）

壁面設置型　p.藤原千晴

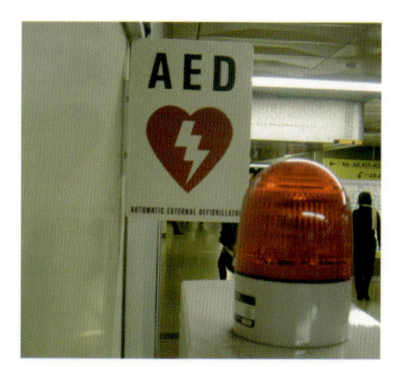

AEDの設置場所を示すサイン表示　p.太田幸夫

海外の設置例　p.太田幸夫

背負い持ち運べる機器、マラソンなどの
救助隊として力を発揮する
写真提供：セコム株式会社

壁面設置型、側面からAEDの表示がよく見える　p.藤原千晴

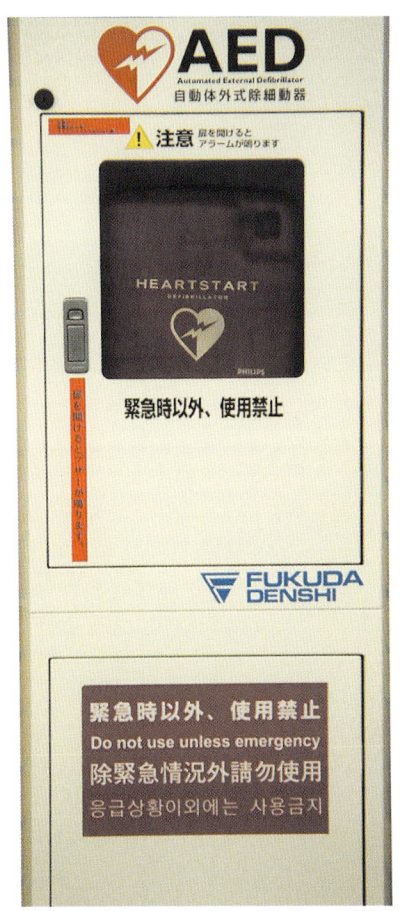

床面置き型　p.太田幸夫

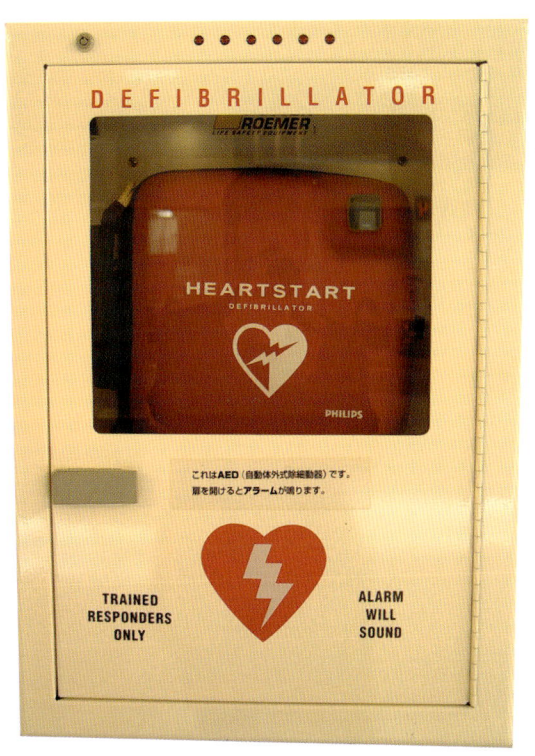

東京医療センター壁面設置例　p.太田幸夫

エコ・安全ドライブ表示デザイン

トヨタ自動車

トヨタは他社に先駆けて1997年、ハイブリッド乗用車プリウスを発売以来、世界40カ国で累計125万台以上を販売してきた。2009年春に発売を始めた3代目プリウスは、新開発したハイブリッドシステムにより、世界トップの燃費性能38.0km/Lを誇る。車がスタートする時は、モーターだけで発進し、加速時や高速走行時には最適な燃費で運転するため、モーターとエンジンを併用する。減速時には発生するエネルギーで充電しながら、モーターだけで走行するので、燃料の消費はゼロとなる。電池の充電量が少ない時はエンジンが作動する。こうした運転中のエンジンとモーター使用状況の変化は、運転席のセンターメーター内の「エコドライブモニター」にピクトグラムで画面表示され、運転者に瞬時にわかるようになっている。合わせて車の制御を燃費優先にする「エコドライブモード」のほか、「パワーモード」「EVモード」などの採用によって運転者にいつも環境への配慮を気づかせることになる。(F+O)

メルセデス・ベンツ

いつの時代にも、安全性・快適性・環境適合性をうたってきたメルセデス・ベンツはSクラスHYBRIDロングを輸入車初のハイブリッド車として販売している。ハイブリッド専用に設計された3.5LV型6気筒ガソリンエンジンと小型・高効率ハイブリッドモジュールを組み合わせることで、優れた燃費性能を実現した。排ガス性能は、輸入車ながら国土交通省の「低排出ガス車」認定を取得しており、正規輸入車初のエコカー減税対象車となっている。バッテリーの充電状況やモーターの動きはメーターパネル

トヨタ プリウスG "ツーリングセレクション"（オプション装着車）

運転席のセンターメーター

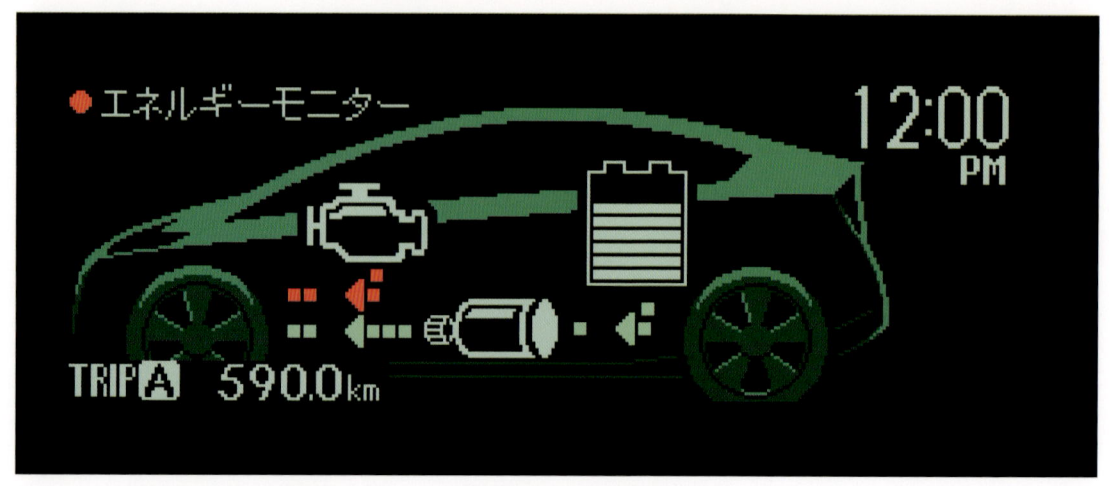

センターメーター内のエネルギーモニター部分。エンジンとモーターの使用状況がピクトグラムで表示されている
資料提供：トヨタ自動車株式会社

内のマルチファンクションディスプレイに、瞬時に表示される。同時に安全性に配慮した様々な装備、例えばドライバーに疲労や注意力低下の兆候が見られた場合の警告や夜間運転時に歩行者を表示する機能がある。これら操作は視線の操作を最小限におさえ、適切な姿勢を保ったまま、瞬時に行えるというのが特徴である。(F)

メルセデス・ベンツ Sクラス HYBRIDロング

上：ハイブリッドシステムの状態を示すエナジーフローディスプレイ　中：左・エナジーフローディスプレイ　右・パーキングアシストリアビューカメラ。
下左：エナジーフローディスプレイ　右・椅子型パーツで位置決めする電動スイッチ（Cクラス）　資料提供：メルセデス・ベンツ株式会社

エコ・安全ドライブ表示デザイン

コックピット前面（メーカーオプション装着車）

ホンダ

ハイブリッドのシステムには種々の方式があるが、ホンダが選んだのはエンジンをモーターが補助する「パラレル方式」を基本に独自に開発した軽量コンパクトなハイブリッドシステムである。主役はあくまでも運転者と考え、コックピット正面には確認頻度の高い情報とそれ以外の情報を、上下二分割配置のメーターで表示するマルチプレックスメーターを配置している。
また、より低燃費の運転が運転者の技術や意識によって実現するために理想的な低燃費の運転を把握、習得、実践できる「エコアシスト」を開発。

1) ステアリングの右にあるECONスイッチを押すだけで、燃費優先の制御を行うECONモード
2) リアルタイムで燃費の良し悪しを表示するコーチング機能
3) 運転者のエコ運転を採点するティーチング機能とアドバイス機能を使用できる。

運転者がエコを実感できる走行システムがすべて画面上で理解できる。(F)

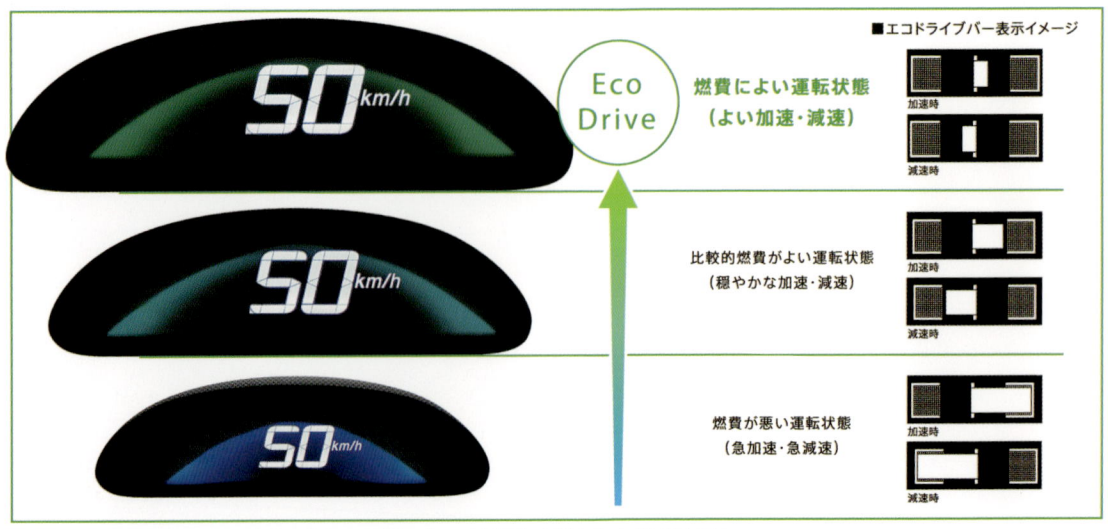

■エコドライブバー表示イメージ

Eco Drive

燃費によい運転状態
（よい加速・減速）

比較的燃費がよい運転状態
（穏やかな加速・減速）

燃費が悪い運転状態
（急加速・急減速）

加速／減速を表示するエコドライブバー。向かって右側のゾーンでは加速、左側のゾーンは減速を示す

ECONスイッチ。エンジンの出力制御、アイドルストップ領域の拡大、電気エネルギーの回収量を増やす、エアコンの省エネ化などの制御を行う

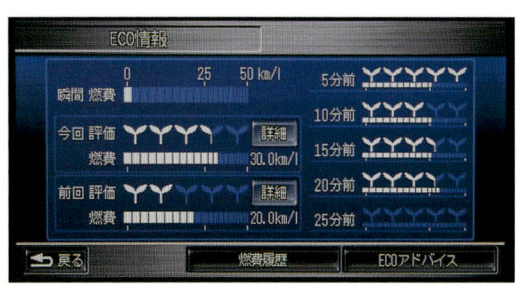

Honda HDDインターナビシステムを装着するとナビ画面上にエコ運転度採点評価（上）や採点履歴（下）の表示ができる

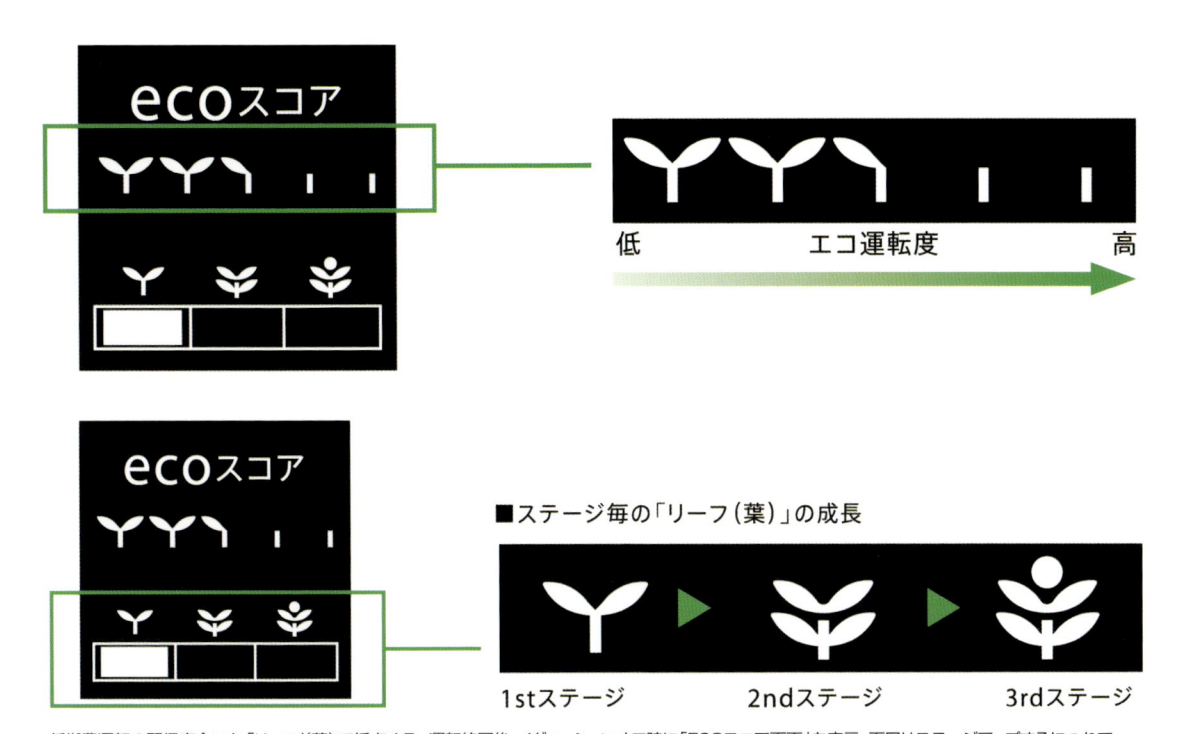

低　　エコ運転度　　高

■ステージ毎の「リーフ（葉）」の成長

1stステージ　▶　2ndステージ　▶　3rdステージ

低燃費運転の習得度合いを「リーフ」（葉）で採点する。運転終了後、イグニッションオフ時に「ECOスコア画面」を表示。下図はステージアップするにつれて成長する「リーフ」を表示

資料提供：本田技研工業株式会社

安全ドライブ表示デザイン

アラウンドビューモニター

日産
[スカイライン・クロスオーバー]
運転の主体は人であるという視点にたち、運転操作の支援に主眼をおいている。
特にアラウンドビューモニターは、車を上空から見下ろすように、状況に応じて6つの視点でとらえられるので、パーキング操作が驚くほど、スムーズにできる。
そのほか、車線逸脱防止支援システムや小学校付近での安全ガイドなど、運転者の身になって考案された装置はうれしい。
CO_2排出量の削減には、メーターの燃費表示やエコドライブサポートサービスを行っている。(F)

左右の見通しが悪い道での前進、後退をサポート

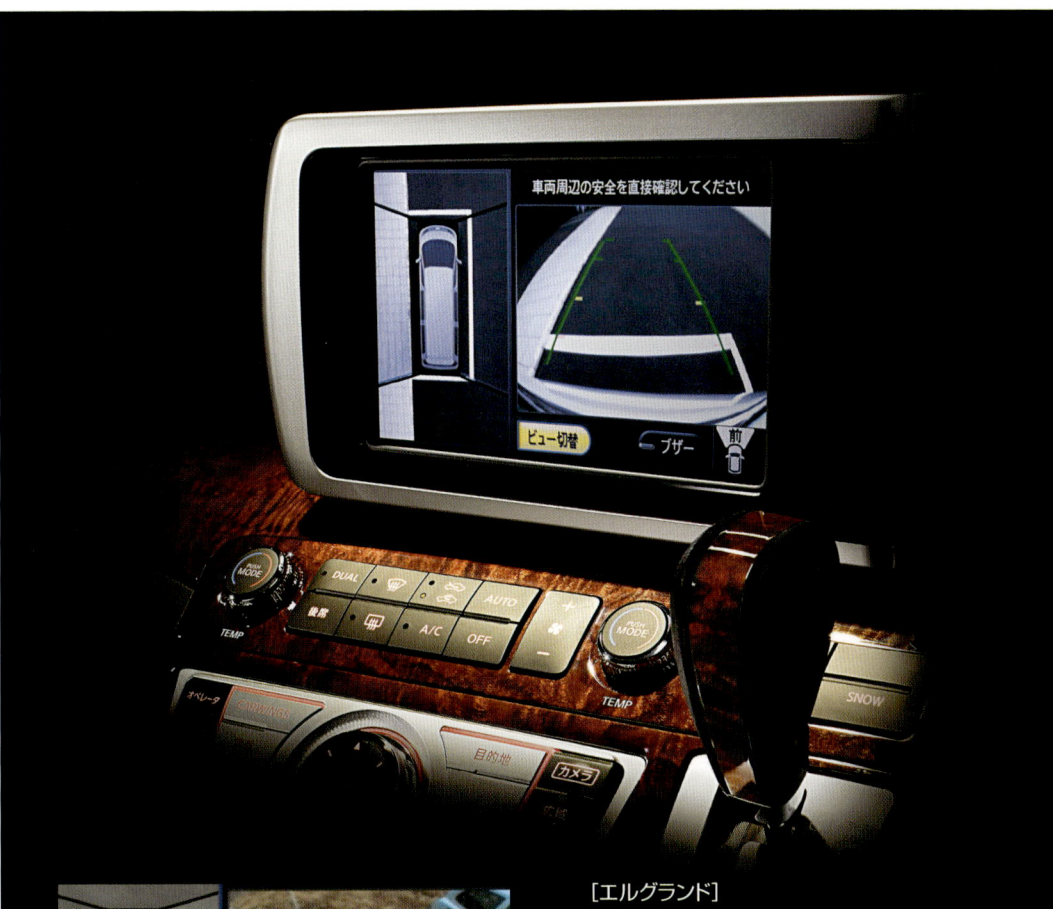

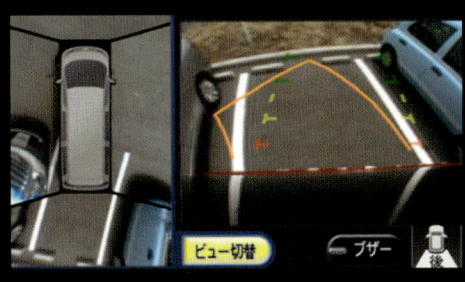

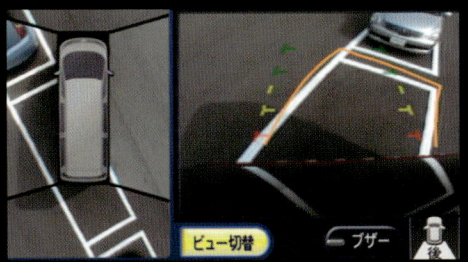

[エルグランド]
高級感のあるミニバンが2008年度の
グッドデザイン賞を獲得しているのが、この車に初めて
搭載されたアラウンドビューモニターである。
先進テクノロジーにより、超広角画像をトップビューに
変換、車体の大きいミニバンのパーキング時の不安を
なくすことができる。並列駐車では目視でみえない、
路上の白線が見え、侵入角度がわかるし、
縦列駐車では左前、左横、左後、後が同時に確認できる
ので駐車スペースへの進入角度がよくわかる。
勿論、環境への配慮もスカイライン・クロスオーバー
と同じである。(F)

上：アラウンドビューモニター上の映像
中：並列駐車の車と駐車枠との関係がよくわかる画面
下：縦列駐車の場合、前・横・後ろが同時に把握できる画面
資料提供：日産自動車株式会社

日本発国際規格―逃げる人

1971〜72年に死傷者100名を超すビル火災が相次いで発生し、文字表示の非常口サインが大型化した（図1）。建築空間、環境との不調和が糾弾されて'79年、ピクトグラム（絵文字）が公募された。

それまでピクトグラムの使用を検討していた自治省消防庁の委員会には、デザインの立場から太田幸夫が出席していたが、デザイン料を見込めない状況であった。東京消防庁からは同時期、非常口サインに代わって、文字表記を将来はなくす前提の「出口」誘導サインデザインを依頼され、池袋駅に64基設置した（図9）。

3,000点余りの応募作の中から科学的テストにデザイン評価も加味して選ばれた入選作（図5）をリ・デザイン（図4）。矢印、文字も一緒にレイアウトした完全版下（蛍光灯ボックス大・中・小×縦横比2種類×緑の避難口誘導灯と白の通路誘導灯全タイプに1種類で対応できるもの）を（社）日本照明器具工業会に提供し、'逃げる人'は82年以降全国に普及した

d.太田幸夫＋鎌田経世 pc.坂野長美 co.勝見勝、浜口龍一、菊竹請訓、日本サインデザイン協会

1 大型化した文字表示の非常口サイン p.太田幸夫

日本は80年、'逃げる人'を国際規格案としてISOに提出。その時すでに、ソ連（ロシア）案（図6）に決まりかけていたため、「日欧戦争」などと新聞各社はスクープした（図8）。ソ連のクレームにはデザイン上から反論し、視認性科学テストの実証も功を奏して82年、ソ連は自国の案を取り下げ、日本案が国際規格となった。83年には下端を閉じる修正案（図7）が出された。下端を閉じると、走る人を囲む白い空間が、見る人の空間と心理的につながる視覚効果が断ち切れてしまう。

現在日本では、蛍光灯に代わる高輝度冷陰極管（直径4mm）が使われて、小サイズになり（図10、11）、設置数も削減、厚みも薄くなって、インテリア重視の公共・商業施設などに適応し易くなった。

しかし矢印と'逃げる人'を、正方形の中に一緒に表示し、元のデザインを改変した製品が多数売られて、著作権並びに著作者人格権を侵害している。（図2、10、11）

日本発のいのちを守る国際規格を、社会資産として育てていくことはとても重要である。著作権侵害が、社会資産の損傷につながらないことを願うばかりだ。（O）

2 左上写真 正方形の中に両方向の矢印と非常口を一緒に表示した誘導サイン p.太田幸夫　3 上写真 入選作のリ・デザイン作業 p.鎌田経世

4 最終決定デザイン　　　5 公募入選作　d.小谷松敏文　　　6 ソ連の国際規格案　　　7 下端を閉じるフランス修正案

8 新聞のスクープ（朝日新聞1980.6.20）

9 非常口サインに代わる出口サイン　d.ピクトリアル研究所　p.太田幸夫

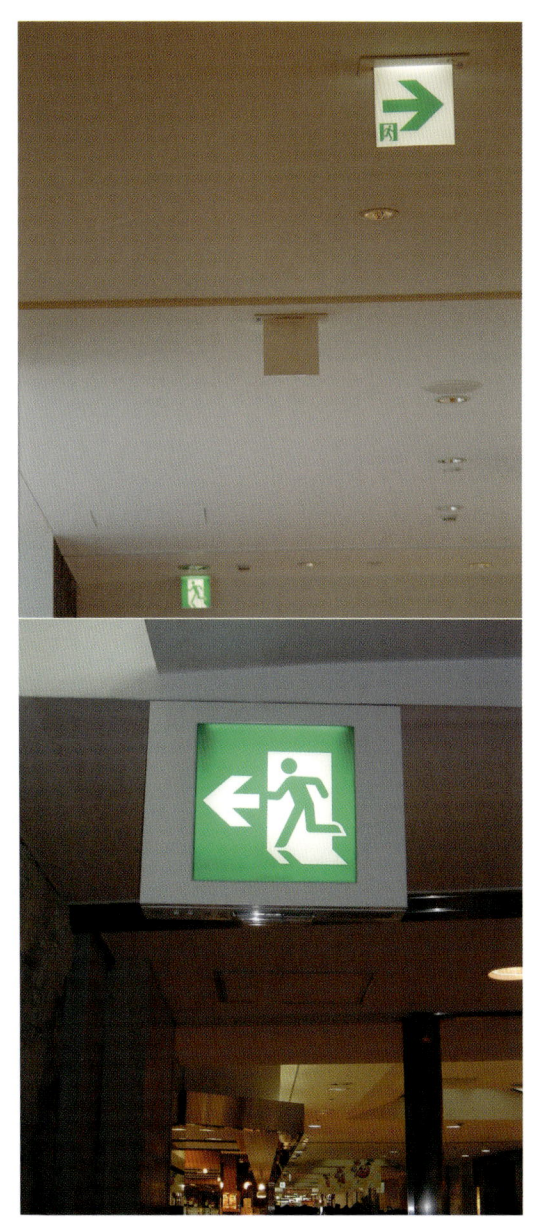

10.11 矢印と非常口を正方形に入れたデザイン　p.太田幸夫

安全標識の国際標準化

安全標識は80年当初、ISO6309と呼ばれる消防設備安全サインの審議が中心であった。火災報知ベル、火災警報機、非常用電話などのデザインに加えて、非常口も検討された。
「カバーを割って中のレバーを引きドアを手動で開ける」という意味をデザインするため、日本で何枚もガラスを割って形を検討した経緯もあり、それは現在、国際規格に活かされている。「消化ホース」は日本では、平らの布のホースを櫛形にたらす。西洋では膨らんだホースを巻いて収納する。国際規格を共通の形にする難しさがある。
ヨーロッパで49年に統一をみた国際道路標識に準じる禁止、注意、指示、案内のフレーム枠を使ったサインマニュアルを60年初、英国の建築家A.ウイリアムスが編纂して、英国規格（BS5378-'82）の基本デザインを示している。彼はイギリスを代表してISO/TC145/SC2/WG1における安全標識・安全色彩の通則（ISI3864-1）（下図）制定にも貢献している。
日本は94年ベルリン会議から安全標識を審議するSC2に参加し、JISとの整合のため、オレンジ色の採用を提案したり、意味の理解度テストの材料としてJISHA（中央労働災害防止協会）安全標識デザインなど200種類余りを送るなど協力してきた。
通則で定められた色とフレーム内に、個別の意味表示をする図記号を組み込んで安全標識となる（右図）。
そのシンボル集は消防安全の図記号も含んでISO7010と呼ばれ、全ての労働環境と公共環境をカバーする。案内用図記号のISO7001、機器・装置用図記号のISO7000と並ぶ図記号の国際規格3本柱である。
ところが今、これまでの「技術立国」が揺れていると言う。新しい国是としての知財立国と国際整合化の旗印は両立するだろうか。デザインの向上を図り、そのデザインの知財権を前提とする国内規格・国際規格であれば、社会的関心と能力が結集する。それにより視覚言語の社会的資産の整備と経済の発展の両面が期待できる。歴史的にみれば知財権を前提とする日本発国際規格化が望まれているようだ。(O)　co.中野豊（日本標識工業会）

Table 1 — Geometric shapes, safety colours and contrast colours for safety signs

Geometric shape	Meaning	Safety colour	Contrast colour to the safety colour	Graphical symbol colour	Examples of use
Circle with diagonal bar	Prohibition	Red	White[a]	Black	— No smoking — Not drinking water — Do not touch
Circle	Mandatory action	Blue	White[a]	White[a]	— Wear eye protection — Wear protective clothing — Wash your hands
Equilateral triangle with radiused outer corners	Warning	Yellow	Black	Black	— Warning; Hot surface — Warning; Biological hazard — Warning; Electricity
Square	Safe condition	Green	White[a]	White[a]	— First aid — Emergency exit — Evacuation assembly point
Square	Fire safety	Red	White[a]	White[a]	— Fire alarm call point — Collection of fire fighting equipment — Fire extinguisher

[a] The colour white includes the colour for phosphorescent material under daylight conditions with properties as defined in ISO 3864-4.
NOTE　For graphical symbol colour exceptions see clause 10.

安全色・安全標識の国際規格通則（ISO3864-1）

Table 2 — Summary of all safety signs

Safety sign, reference number and referent	Category				
	E	F	M	P	W
	Means of escape and emergency equipment signs (safe condition signs)	Fire safety signs	Mandatory action signs	Prohibition signs	Warning signs
Safety sign					
Reference number	E001	F001	M001	P001	W001
Referent	Emergency exit (left hand)	Fire extinguisher	General mandatory action sign	General prohibition sign	General warning sign
Safety sign					
Reference number	E002	F002	M002	P002	W002
Referent	Emergency exit (right hand)	Fire hose reel	Refer to instruction manual/booklet	No smoking	Warning; Explosive material
Safety sign					
Reference number	E003	F003	M003	P003	W003
Referent	First aid	Fire ladder	Wear ear protection	No open flame; Fire, open ignition source and smoking prohibited	Warning; Radioactive material or ionizing radiation
Safety sign					
Reference number	E004	F004	M004	P004	W004
Referent	Emergency telephone	Collection of fire-fighting equipment	Wear eye protection	No thoroughfare	Warning; Laser beam
Safety sign	withdrawn				
Reference number	E005	F005	M005	P005	W005
Referent	Direction, arrow (90° increments), safe condition	Fire alarm call point	Connect an earth terminal to the ground	Not drinking water	Warning; Non-ionizing radiation

国際安全標識の分類：Eは避難と非常用、Fは火災安全用、Mは指示、Pは禁止、Wは注意警告の各グループ

非常口へ誘導する蓄光ライン

国際標準化機構(ISO)では2004年、蓄光ラインによる非常口への避難誘導システム(ISO16069)を国際規格に定めた。あらゆる施設の壁、床、階段ステップに10cm幅の蓄光ラインを連続して貼り巡らし、非常時の暗闇で人々を非常口に導くというもの。ホテルやレストラン、劇場やターミナルのインテリアが損なわれるため、日本(代表:太田幸夫)は国際会議で終始反対した。

わが国では2000年10月以降、非常口サインの光源として高輝度冷陰極管(直径4mm)が蛍光灯に代わって採用され、縦横10cmまたは20cmにサイズを縮小、設置数も減らしてインテリア重視の施設に適合しやすくなった。

その新しい非常口サインを日本はダブリン会議に持参し、ISO16069の代替え案として提案した。

2001年8月、ドイツ・シェツリッツ会議においてわが国は、蓄光の矢羽根(5cm角)を一定間隔で貼付する折衷案も提起した。また、非常口サイン蓄光プレートを、東京・六本木駅と名古屋市営地下鉄構内の暗闇に仮設置し、連続視認効果の調査データとサンプルをベルリン会議で発表(図2)。別案として承認された(図4、5)。世界に先がけて日本が国家規格とした広域避難場所表示ピクトグラムも同時に発表して、新たな防災サインシステム「非常口から避難場所へ」の重要性も訴えた(図8)。東京消防庁が"明示物"と称する上記データ&サンプル利用の蓄光誘導サインは、現在、東京地下鉄構内で多数施工されている。

国際会議の主要メンバーが蓄光業界関係者であるため、日本の反対意見も代替案も押し切られてISO16069は成立し、日本は2008年9月、国際規格ISO16069の国内導入のためのJIS原案作成委員会(太田幸夫委員長)をスタートさせざるを得なくなった。

委員会ではISO16069が定める蓄光ライン幅と輝度の関係式の妥当性を公式実験によりチェック(図7)し、参考実験では、インテリアを損ねない5mm以下の細い蓄光テープを幅木上部と階段に取り付けて、非常時暗闇での避難のしやすさを調べた(図1)。

3mm、5mmラインとも暗闇での空間認識と避難効果は十分であり、特に励起後30分前後は蓄光材の差や3mmと5mmの差はほとんど感じられず、いずれも効果大であった(図6)。

蓄光ライン幅と輝度の関係式は、公式実験によって、幅の半減に対して2乗の輝度は必要がなく、2倍の輝度でよいことも判明した。こうした実験成果を盛り込んだJIS原案は将来、ISO16069の改訂に貢献し、世界の避難誘導システムのプロトタイプとして高く評価されるかもしれない。(O)

co.牧谷孝則+座親一彦+NPO法人サインセンター
日本デザイン学会環境デザイン部会+日本標識工業会

1 参考実験の会場:暗所での階段と幅木上に3mmと5mmの蓄光ライン

2 名城大学での非連続蓄光サインの誘導効果実験

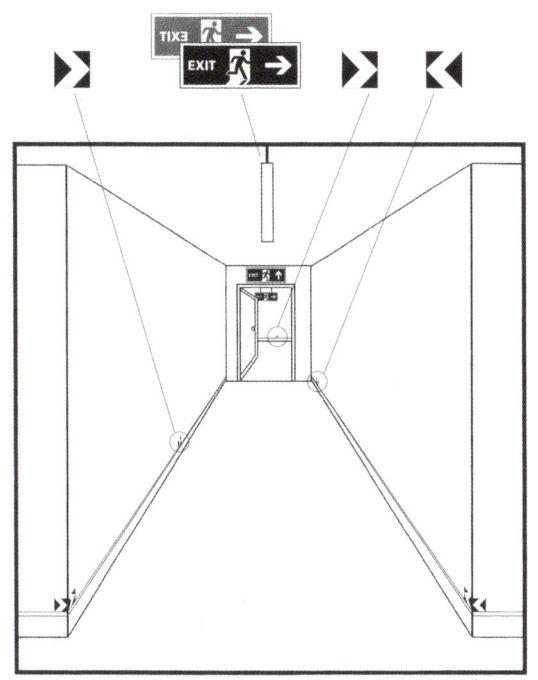

3 蓄光シートの矢羽根を幅木に設置する日本案

4 日本提案の非連続蓄光誘導サイン（縦25mm〜100mmの4種類）

5 日本提案の非連続蓄光誘導サイン（発光面を広くしたデザイン）

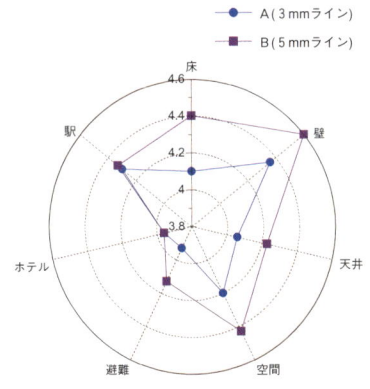

6 点線3mmと実線5mm幅の蓄光ライン5段階評価結果

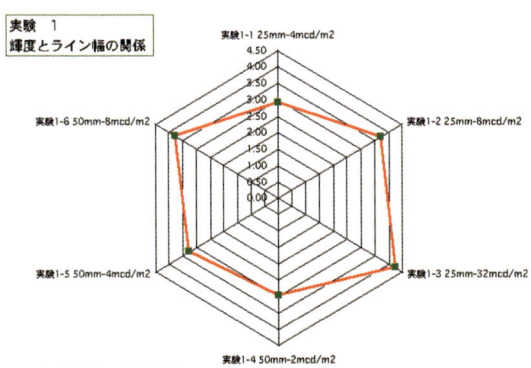

7 公式実験の集計結果

8 ベルリン会議で日本が発表した避難誘導サインデザイン案
（デザイン：太田幸夫）
右よりG.ベックハム米代表、太田幸夫日本代表、竹内信義日本オブザーバー

9 国際規格ISO16069の施工イメージ図（カナダ）

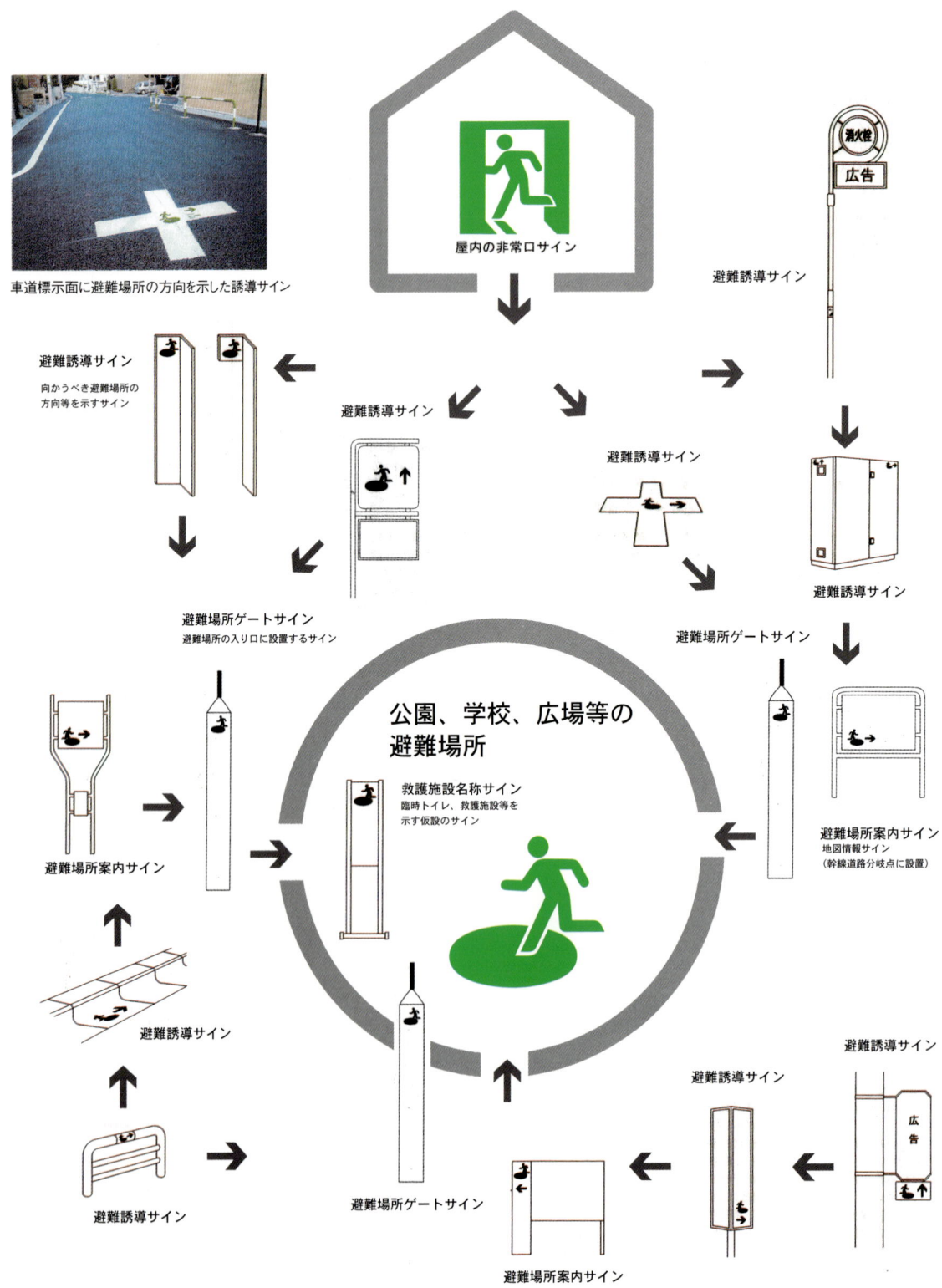

非常口から避難場所へ

車道標示面に避難場所の方向を示した誘導サイン

屋内の非常口サイン

避難誘導サイン
向かうべき避難場所の方向等を示すサイン

避難誘導サイン

避難誘導サイン

避難誘導サイン

避難場所ゲートサイン
避難場所の入り口に設置するサイン

公園、学校、広場等の避難場所

救護施設名称サイン
臨時トイレ、救護施設等を示す仮設のサイン

避難場所案内サイン

避難場所案内サイン
地図情報サイン
(幹線道路分岐点に設置)

避難誘導サイン

避難誘導サイン

避難場所ゲートサイン

避難場所案内サイン

避難誘導サイン

非常口から避難場所への誘導サイン：屋外の各種環境構成装置を活用

災害時の避難場所表示サインは70代以降、関東地域で四角の枠に入った緑十字が使われていた。アラブ各国では「十字」が禁忌とされて国際性に欠けるため、2001年総務省消防庁の「避難誘導に関する調査検討委員会」(梶秀樹委員長)では、緑十字デザインを見直し、非常口と同じ人型デザインの使用を推奨している。広域避難場所を表す人型サインのデザインは2002年、国家規格のJISになって全国普及したが、それはピクトグラムの統一に限られ、避難場所誘導サインは、自治体ごとにデザインが異っている。こうした現状を改善するためNPOサインセンターでは、「非常口から避難場所へ」と呼ぶ誘導サインのトータルシステム開発を進めてきた。非常口サインと広域避難場所表示ピクトグラムをデザインして国家規格化の委員も務めた太田幸夫理事長を中心とするその研究成果は、全国防災関係者対象の震災対策技術展('04,05神戸・横浜)でも発表。それは屋外の環境構成装置をすべてサインメディアと捉えるもので、避難場所の方向と距離を示して、日常学習効果を生み出す。都内の避難場所には、3000基のプレート型避難場所表示サインが使われているので、これもリ・デザインして活用しようというもの。関係省庁や自治体・業界の垣根を超える共働が不可欠なプロジェクトと言える。(O)

避難場所表示シンボルの別案：
危険に対して安全がある「避難」
の対比概念を視覚化している。
d.太田幸夫

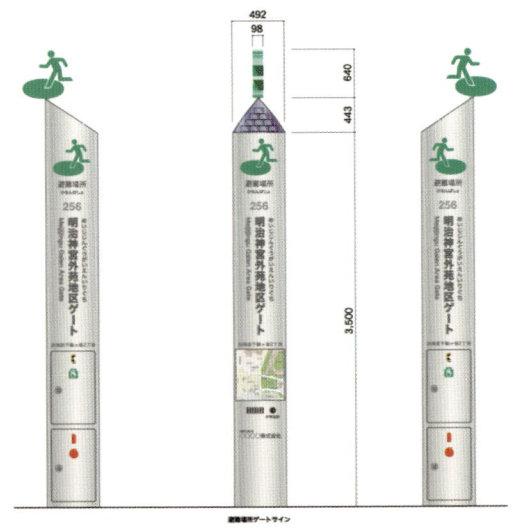

広域避難場所ゲートサイン案：非常電話、消火器、薬品など内部に収納
d.長谷高史十太田幸夫　co.松風正幸

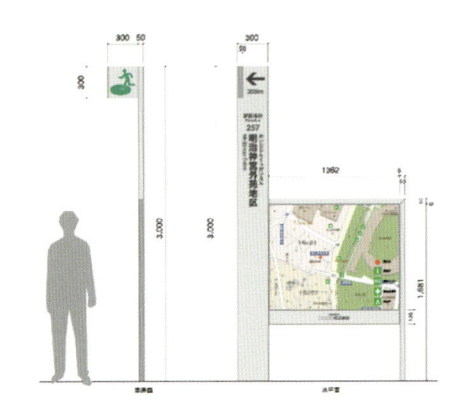

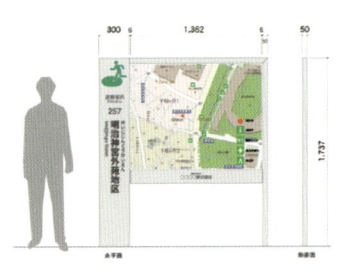

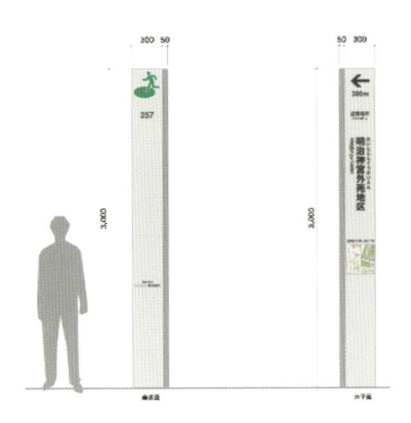

既存の避難場所表示サインの筐体を使って、歩行者の目線に
直角の表示面を設ける各種誘導サインのデザイン案

避難場所マップカレンダー

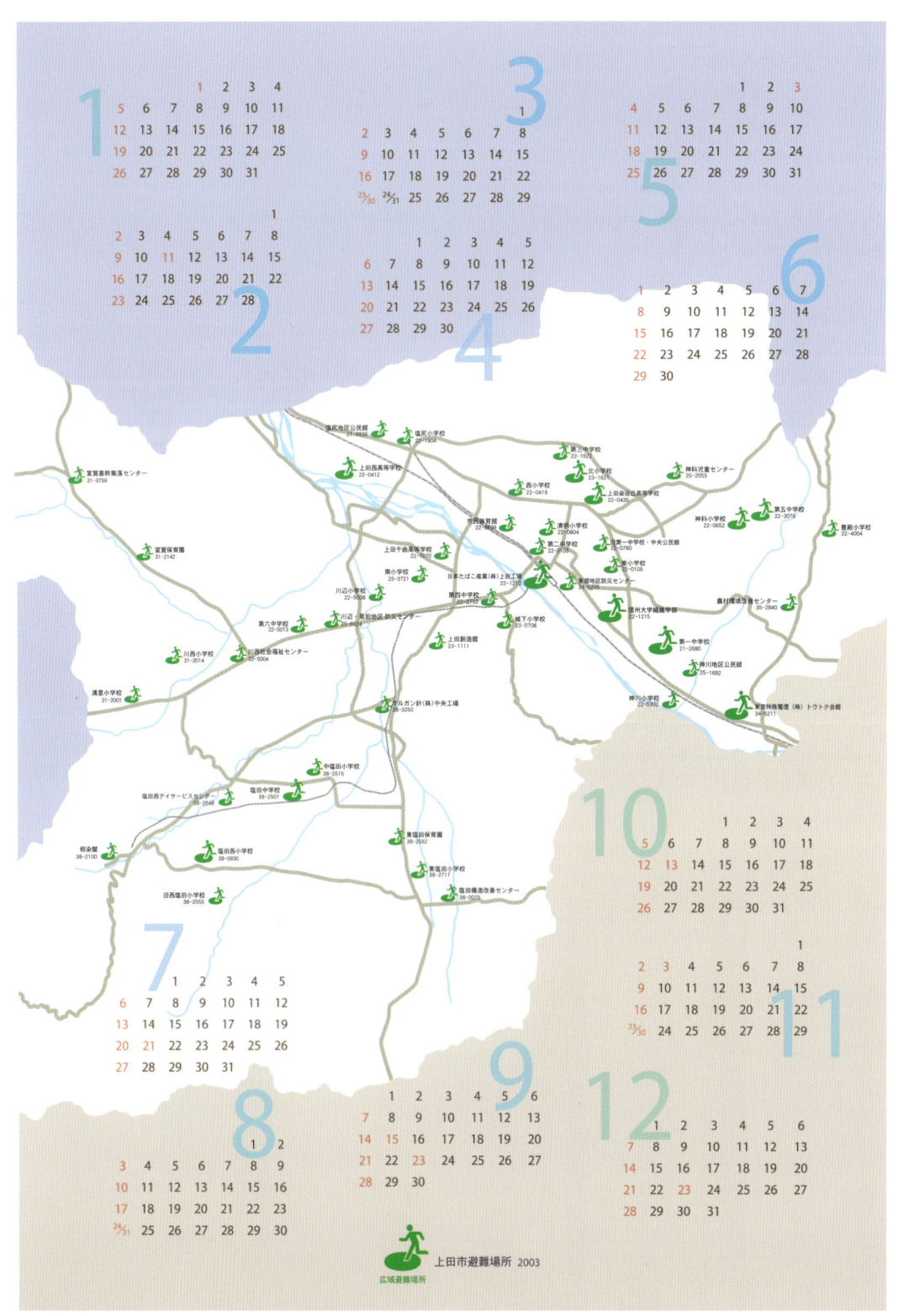

避難場所マップカレンダー　d. 太田幸夫Ⓒ（サイズ A3タテ420×ヨコ297ミリ：家庭の居間の壁に貼ることを想定）

総務省消防庁の避難標識に関する調査検討委員会（梶秀雄委員長）で提案され、国土交通省が選定した広域避難場所表示ピクトグラムが2002年3月、日本工業規格JISに指定された。災害時避難誘導標識調査会（防災情報機構石原信雄会長）の審議を経て選ばれたそのデザインは、太田幸夫が鎌田経世・坂野長美と共に最終デザインを完成させた非常口サインの人型シンボルを、避難という意味で屋外用にも共通に使用したい、との意向を受けて太田幸夫がデザインしたもの。

防災基本計画では、地方公共団体が住民に対する避難情報の提供を行うと定めているが、避難標識にはデザイン仕様の規定がないことから、これまで多種多様な標識が混在して使われており、検討が望まれていた。

とくに避難場所を示すピクトグラムとして使われてきた「緑十字」は、国情により意味が異なり、アラブ地域で「十字」は禁忌とされている。全国的にも統一されたものでないことから、速やかな改善が求められていた。

こうした背景からサインセンター（理事長太田幸夫）では、広域避難場所表示ピクトグラムを使った避難誘導サインシステムを研究し、避難場所マップカレンダーを開発（意匠登録済）。また上田市では避難場所誘導サインシステムの基礎研究として、市民と市役所の協力のもと、避難場所表示ピクトグラム、矢印による方向、距離、避難場所名など表示内容を蓄光シート面にデザインして、住宅街と商店街の路上に連続設置し、昼夜間の視認効果を調査している（調査実施：NPO法人サインセンター2002年8月、協力：NPO法人ルーバンデザイン研究所牧谷孝則＋日本標識工業会 中野豊＋根本特殊化学（株）竹内信義）。（O）

避難場所誘導サイン夜間視認効果の実地調査

上田市避難場所案内マップ（一部）

東京・杉並区の避難場所誘導サイン

2003年4月、東京・杉並区阿佐ケ谷南一、二丁目、高円寺南三丁目を対象にして、避難誘導サインが設置された。夜間、災害による停電が起きても、昼間に太陽光を蓄積し夜間発光して、避難場所の方向などを示す。誘導サインは真っ暗な中でも十分に認識できる明るさを持って10時間以上発光し、耐用年数も10年間以上。13カ所の避難場所と避難路で、計98基の誘導サインが設置された。
これは2002年から阿佐ケ谷／高円寺地域の住民を中心とした防災街づくり協議会が区に提言した基本構想の中に、「避難地や公園等への案内サインの設置増」があったことから、地域住民が「光る避難誘導サイン設置を考える会」に参加し、計6回のワークショップによって避難誘導サインの有効性を検討し、設置計画と設置作業をおこなったもの。
考える会では、杉並第六小学校に接する主要道路の馬橋通りと新高円寺通りの2本の道路には、必ず誘導サインを設置するとした。また誘導サインの設置場所について意見を出し合い、電柱、街路灯、消火器、掲示板、カーブミラー、塀、フェンス、縁石上部などが提案され設置された。
● 消火器、掲示板に設置。サイズ7×14cm。
● 商店街西側の街路灯にはすべて設置。主要交差点のカーブミラーにも設置する。サイズ20×10cm。設置の高さは地上より110cm。
● 公共施設の外壁に設置。サイズ30×30cmまたは20×40cm。設置の高さ110cm。

設置結果のアンケート調査の意見例：地元の人でも迷ってしまう細い道にこそ設置が必要／電柱が一番目立つ／道路はゴミなどでみえにくい。目線の高さにすべきだ／英語、中国語、韓国語も添えてほしい／日常目にふれるものと、災害時を考えてのものと二つのケースがあるとよい／大変心のこもった誘導サインである。全区域に広げてほしい。
なお太田幸夫（特定非営利活動（NPO）法人サインセンター理事長）は「考える会」に何度も出席し、避難誘導サインの各種デザインを提供。長野県・上田市で実施した昼夜間屋外での蓄光剤使用による避難誘導サインの視認効果実験のデータも提供して協力している。（O）

長野県上田市で使用したサイン表示面　d.太田幸夫

設置例（街路灯ポール）　p.太田幸夫（写真はすべて設置後5年経過）

設置例（避難場所フェンス）

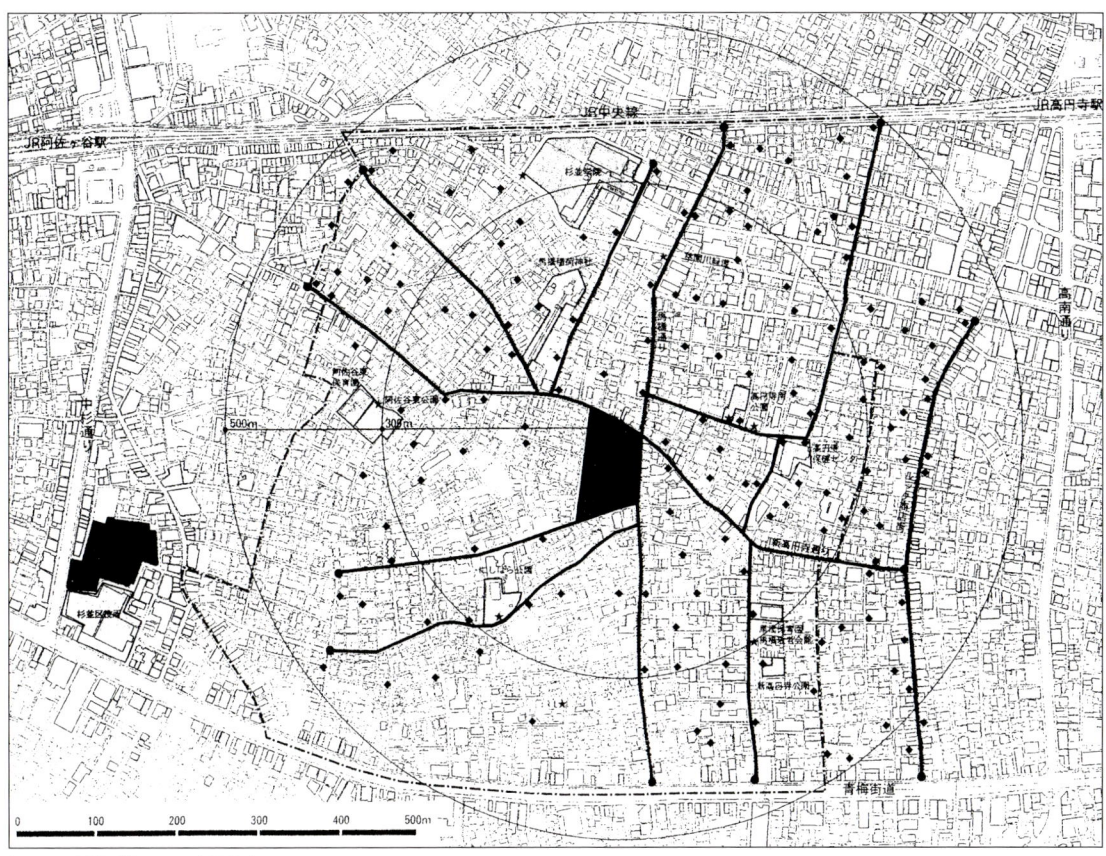

杉並区の避難誘導サイン設置場所

設置例：左・街路灯ポール、右・街頭消火器

設置例：縁石上部設置間隔は10m

緊急地震速報伝達方法のデザイン

「地震」ピクトグラム

緊急地震速報を自動受信できるインターホン
m. co. アイホン株式会社

緊急地震速報はその伝達方法によって被害軽減の効果が大きく変わる。文部科学省の高度即時的地震情報伝達網実用化プロジェクト、緊急地震速報伝達方法（人向け）検討ワーキンググループ（注1）では、「ピクトグラム」と「サイン音」が特に有効な緊急地震速報の人向け報知方法であるとの指針を定めた後、平成17年度、ピクトグラムとサイン音のデザインと設計を行い、アンケート調査によりピクトグラムとサイン音の原案を選定した（注2）。地震発生時にはさまざまな危険要因から、さまざまな行動によって身を守ることになる。机の下にもぐる、危険物（ロッカー、天ぷら油、ガラス、電線、ガスなど）から離れる、身近なもの（かばん、布団、座布団など）で頭・身を守る、丈夫なもの（柱、壁など）に身を寄せる、火を消す、ドア・窓を開ける、外に逃げるなど。当初はこれら全ての要因・行動そしてその組み合わせを一つのピクトグラムで表現してほしい、との要望であった。しかしそれは難しいので、単純に「身を守る」だけを表現し、それを見た人に「身を守る」ことを促すピクトグラムとした。

事務局では「地震」と「身を守る」のピクトグラムの理解度をアンケー調査した。被験者は「地震」と「身を守る」12種類のピクトグラムを示してその意味を問い、続いて正解を示してその意味を形が表しているかどうかを質問するアンケート方法が採用された。

理解度調査の結果は、「地震」が74％、「身を守る」が78％の正解率であった。国際標準化機構（ISO）が定める60％の理解度を大きく超えており、どちらも推奨可能。今後はデファクトスタンダードとしての普及が期待されている。緊急地震速報ピクトグラムの理解度調査法は、これまで国内外で実施された合計20種類ほどの調査法の中で、妥当性と有効性が最も高い。（O）

（注1）
緊急地震速報伝達方法（人向け）検討ワーキンググループ
主査　鈴木崇伸　東洋大学
委員　池田浩敬　富士常葉大学
　　　太田幸夫　多摩美術大学
　　　中村浩二　内閣府　地震火山対策担当
　　　倉片憲治　産業技術総合研究所
　　　河村　宏　国立身体障害者リハビリテーションセンター研究所
　　　河関大祐　総務省消防庁
　　　堂　健夫　共同通信社
　　　斉藤　誠　気象庁地震火山部管理課
　　　秦　康範　独立行政法人防災科学技術研究所
　　　福城茂生　DIGITAMA
　　　山本　栄　東京理科大学
　　　阿部　剛　NTTコミュニケーションズ
　　　阿部　量　京王プラザホテル
　　　犬伏裕之　東芝
　　　熊谷毅志　伊勢丹
　　　杉原義得　電子技術情報技術産業協会
　　　杉山志行　明星電気
　　　谷澤典子　テレビ東京建物
　　　野村紀嘉　パトライト
　　　前田耕造　TOA
　　　箕輪秀男　テックス
事務局山田耕作　NPO法人リアルタイム地震情報利用協議会
事務局水井良暢　NPO法人リアルタイム地震情報利用協議会

（注2）
ピクトグラムd.太田幸夫　co.福城茂生、本多智彦、中村祥子
サイン音d.TOA

「身を守る」ピクトグラム

ピクトグラム：A

A-01
（デザイン：太田幸夫教授）

（「ピクトグラム：A」を見ましたら、ページをめくって下さい）

(4/7)

ピクトグラム：B

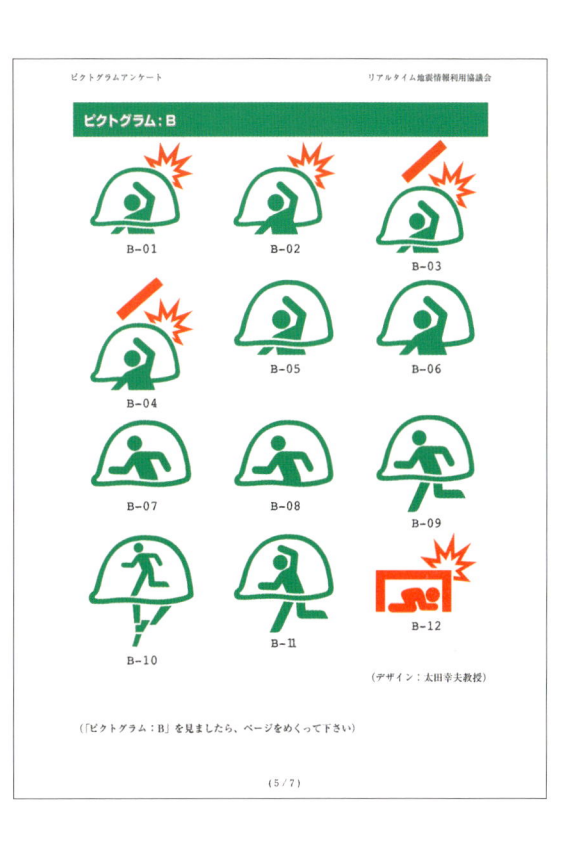

B-01　B-02　B-03
B-04　B-05　B-06
B-07　B-08　B-09
B-10　B-11　B-12

（デザイン：太田幸夫教授）

（「ピクトグラム：B」を見ましたら、ページをめくって下さい）

(5/7)

5. ピクトグラムの印象を回答（その1）

「ピクトグラム：A」（A-01）と、「ピクトグラム：B」（B-01〜B-12）について質問します。

問1）「ピクトグラム：A」（A-01）は何を表現していると思いましたか？
（回答1にご記入下さい）

問2）「ピクトグラム：B」（B-01〜B-12）は何を表現していると思いましたか？
（回答2にご記入下さい）

（回答1、回答2に回答しましたら、ページをめくって下さい）

6. デザインコンセプトの説明

緊急地震速報を人向けに伝達し、「地震が発生した」ことと「身を守る必要がある」ことが即座に認識されることで、地震による人的被害の懸念につながるものと考えられます。

「ピクトグラム：A」は「地震」を表すピクトグラムであり、「ピクトグラム：B」は地震発生時に「身を守る」ことを促すピクトグラムとなっています。緊急地震速報の伝達時には、これら「地震ピクトグラム」と「身を守るピクトグラム」を組み合わせることで、「地震が発生したために身を守る」ことを促すことを想定しています。

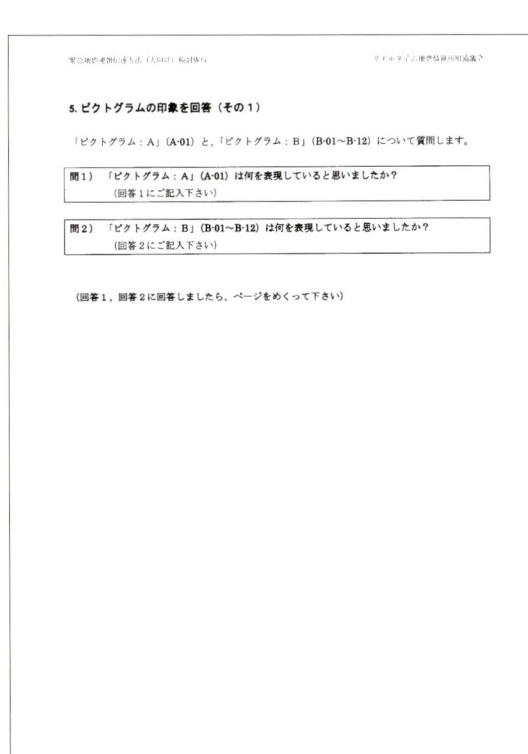

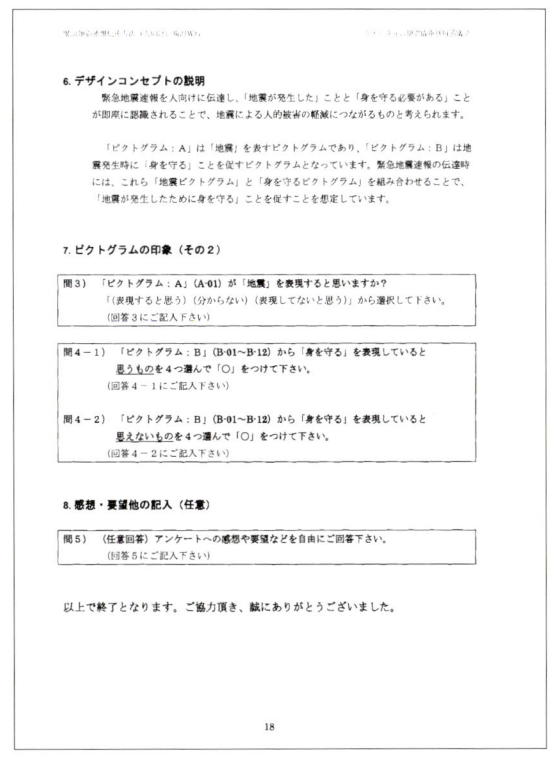

7. ピクトグラムの印象（その2）

問3）「ピクトグラム：A」（A-01）が「地震」を表現すると思いますか？
「（表現すると思う）（分からない）（表現してないと思う）」から選択して下さい。
（回答3にご記入下さい）

問4-1）「ピクトグラム：B」（B-01〜B-12）から「身を守る」を表現していると思うものを4つ選んで「○」をつけて下さい。
（回答4-1にご記入下さい）

問4-2）「ピクトグラム：B」（B-01〜B-12）から「身を守る」を表現していると思えないものを4つ選んで「○」をつけて下さい。
（回答4-2にご記入下さい）

8. 感想・要望他の記入（任意）

問5）（任意回答）アンケートへの感想や要望などを自由にご回答下さい。
（回答5にご記入下さい）

以上で終了となります。ご協力頂き、誠にありがとうございました。

リアルタイム地震情報利用協議会ピクトグラムアンケート用紙

鯰絵防災カルタ
なまずえ

日本では昔から地下に住む大鯰が地震を起こすと言われてきた。江戸時代には地震が起きると鯰をモチーフにする鯰絵（浮世絵）も出版された。また地震を「地新」と書いて「ぢしん」と読むなど、「世直し」の意味が込められていた。そうした鯰絵の伝統をカルタの形式を使って新たにデザインした。地震に対する昔の人たちの感性が、この「鯰絵カルタ」によって現代によみがえるかもしれない。また、地震や防災に必要な知識をカルタの中に絵と文字でデザインにすることにより、家庭において子どもからお年寄りまで、楽しくカルタ遊びをしながら、地震に対する心構えが身につく。
全国の自治体では現在、さまざまな防災パンフレットや防災マップなどが制作され全戸に配布されているが、どれほど活用されているか。実際のところお蔵入りも少なくないであろう。
カルタ遊びの楽しさと同時に、地震や防災の心構えと知識が子どもでも遊びながら身につくこの鯰絵カルタのデザインは、地震・防災対策が急がれる今日にあって、まさに時宜を得たデザインと言えるだろう。(O)

資料提供：石田麻衣子　d.石田麻衣子

武蔵野美術大学視覚伝達デザイン学科卒業制作選択展（2008年度）会場

「絵カルタ」「文字カルタ」のセットディスプレイ

展示コーナー

「ひとりより ふたりさんにん みなで避難」の絵札

「絵カルタ」「文字カルタ」のデザイン例

津波防災デザイン

これまで国内の津波注意標識は、地域によってデザインが異なっていた。国際的には、津波警報組織（IOC/ITSU）が図1のデザインを提案し、UNESCOがそれを検討してきた（図2）。2005年1月、国連防災会議が日本で開かれた折、太田幸夫は図3と図4のデザインを発表した。
消防庁主導による津波表示デザインは、「防災のための図記号に関する調査検討委員会」（梶秀樹委員長2004.11〜2006.3）で「津波注意」デザイン（図6）を作成して理解度調査にかけたところ、「津波注意」でなく「高波注意」と答えた人が多数を占めた。波の前方に深い水深の水が描かれているため、サーフィンに適した高波がイメージされたようだ。
「津波避難場所」（図7）、「津波避難ビル」（図8）とともにJIS化を終えて、ISO/TC145/SC2/WG4（Water Safety Signs）に日本案として提案した。国際規格（ISO3864-1）では、注意・警告標識を三角形の黒枠で囲むため、"津波の上に屋根がある"ように見えてしまう。また同規格では「津波避難場所」と「津波避難ビル」は、緑色の正方形に入れられる。地図の中に小さく入れると形が見とれなくなり、大きく入れるとブロックを覆い隠すので、津波避難ビルがどこにあるか、わかりにくい。
こうした問題があるとはいえ、非常口ピクトグラムに次ぐ日本発国際規格化の偉業実現は近い。（O）

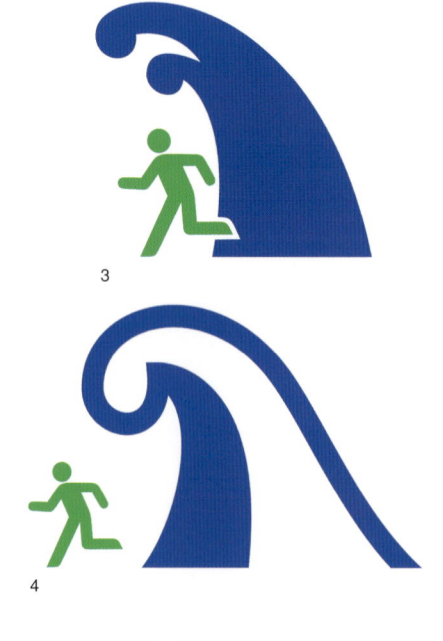

5　鎌倉市津波防災マップデザイン案
　　d.太田幸夫　co.NPOサインセンター＋トーナビタ（株）

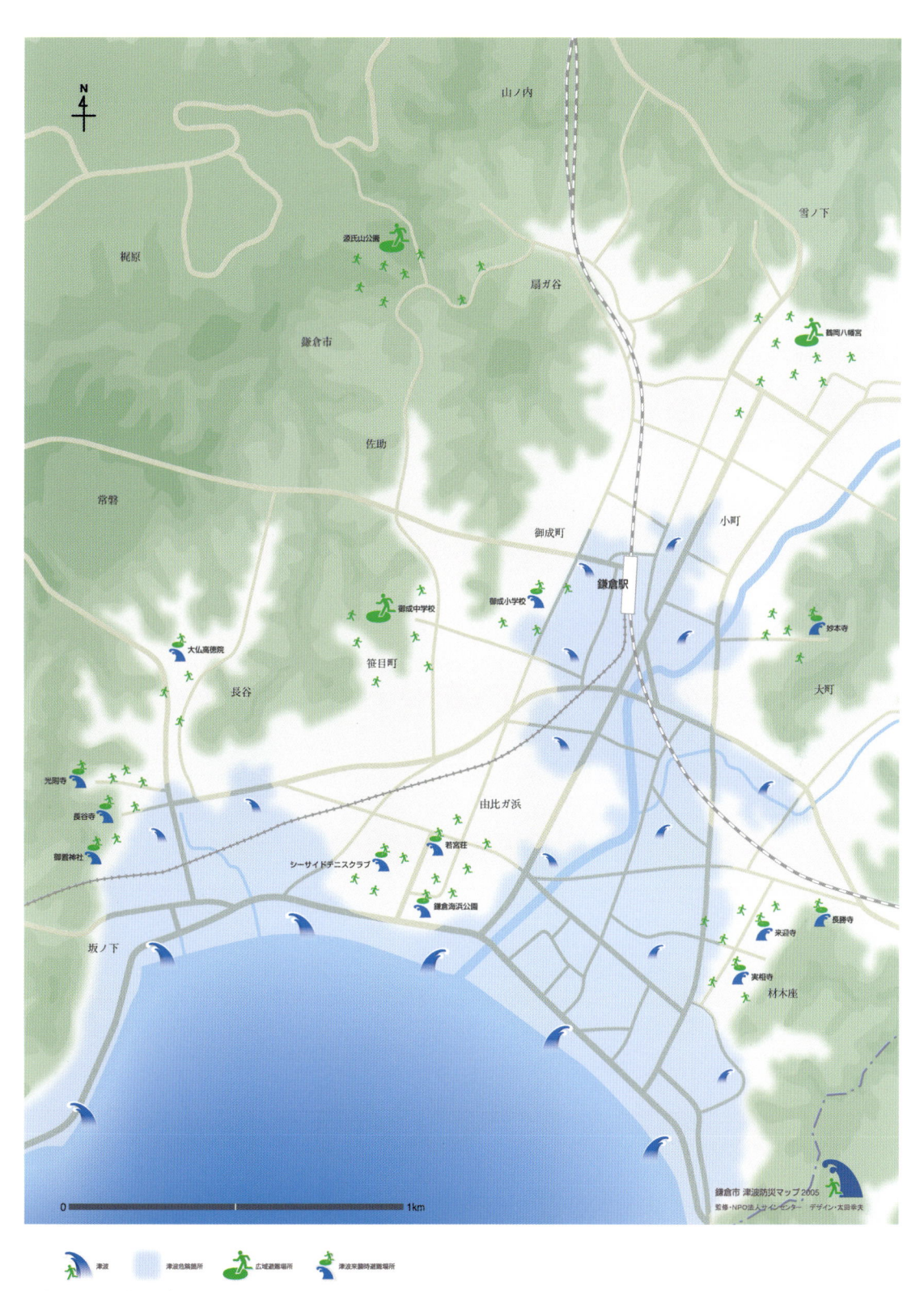

9 鎌倉市津波防災マップデザイン案　d.太田幸夫　co.NPOサインセンター＋トーナビタ(株)

セミナーハウスからの津波避難マニュアル

精神障害者を中心とするさまざまな社会生活上の困難を抱えて孤立しがちな人々が、お互いに助け合って地域で暮らす社会福祉法人浦河べてるの家の津波訓練で、実際に使われたDAISY(Digital Accessible Information System)形式のマルチメディア版避難マニュアルのスクリーンショット。このマニュアルの目的は、精神障害そのものと治療用の薬の副作用などで、注意や集中が難しい人が、見て聞いて短時間で津波の脅威の要点を理解し、自分はどうすべきかを決定できるようにすること。そのために
1. 音声、静止画像、テキストを同期して提示できるDAISY形式のマルチメディアとし
2. 避難シナリオを創り、場面ごとに短く要点を記した文章となじみのある絵、または写真で画面を構成するため
3. やなせたかし氏と高知県の許可を得て、高知県の防災マニュアル掲載の「つなみまん」と「たいさくくん」を利用している

約7分間のマニュアルを視聴してすぐに行われた津波避難訓練は、極めてスムーズで、重度の精神障害の人々にも内容がよく理解されたことを推察させた。
その後、浦河べてるの家では、このマニュアルをベースにして個々のグループホームごとに、写真を入れ替えた手作りのマルチメディアマニュアルを製作し、それぞれの津波避難訓練を実施している。(河村　宏＋濱田麻邑)

つなみまんキャラクターデザイン　d.やなせたかし

「高台への避難」情報の画面デザイン　d.NPO法人支援技術開発機構(ATDO)　キャラクターd.やなせたかし

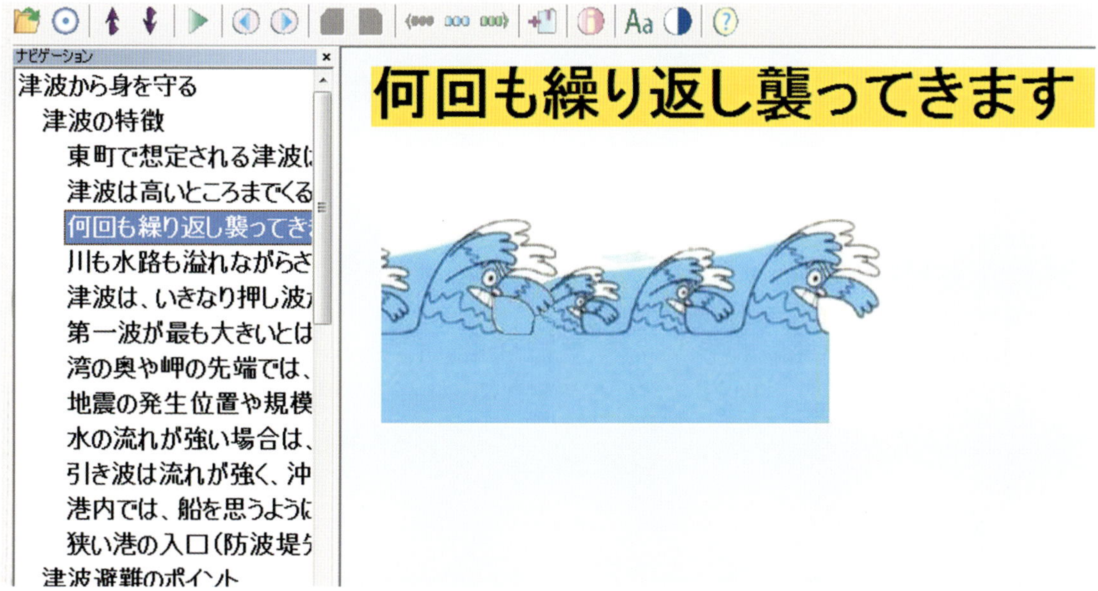

「津波から身を守る」情報の画面デザイン　d.NPO法人支援技術開発機構（ATDO）　キャラクターd.やなせたかし

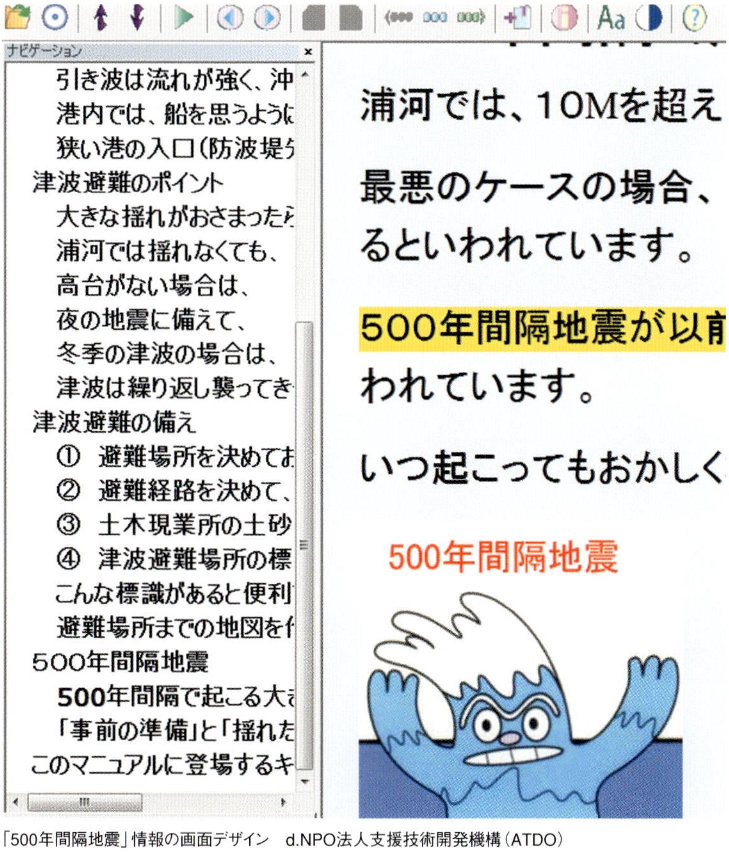

「500年間隔地震」情報の画面デザイン　d.NPO法人支援技術開発機構（ATDO）
キャラクターd.やなせたかし

上2点：つなみまんキャラクター　d.やなせたかし

95

折りたためるヘルメット―タタメット

福岡県西方地震で傾いたビルからガラスが降り注ぐ映像を見て、開発の必要性を痛感したという開発者((株)イエロー)の情熱によって、折りたためるヘルメットは誕生した。人のいのちを守る製品である以上、国の検定試験に合格しなければ意味がない。そこから、何度も失敗を重ねながら、ヘルメットメーカーの進和化学工業の協力のもと、ポリプロピレンを金型から起こして、試作をつづけたという。完成したのは、アーチ形状により、産業用ヘルメットと同等の強度をもちながら、独自の急斜面形状が、落下物の衝撃を緩和するという。タタメットの良さは、機能とデザインが一致していることである。

各パーツがバランスよく機能している。
かがむことが多い災害時にも首まわりを保護するシコロ形状を採用、額部分で大きさを調節できる。
装着しても、視野はせばまらず、周囲の音もよく聞こえる。
色は黒とオレンジの2色。反射シールや緊急取り扱いシールを貼ったものと、緊急取扱いシールのみのシンプルなものの2種のシリーズがある。
ヘルメットでありながら、たためることによって、収納性、携帯性にすぐれ、いつも身近において、災害時に備えることができる便利な逸品である。子ども用も現在、開発中というから、期待される。(F)

資料提供:(株)イエロー

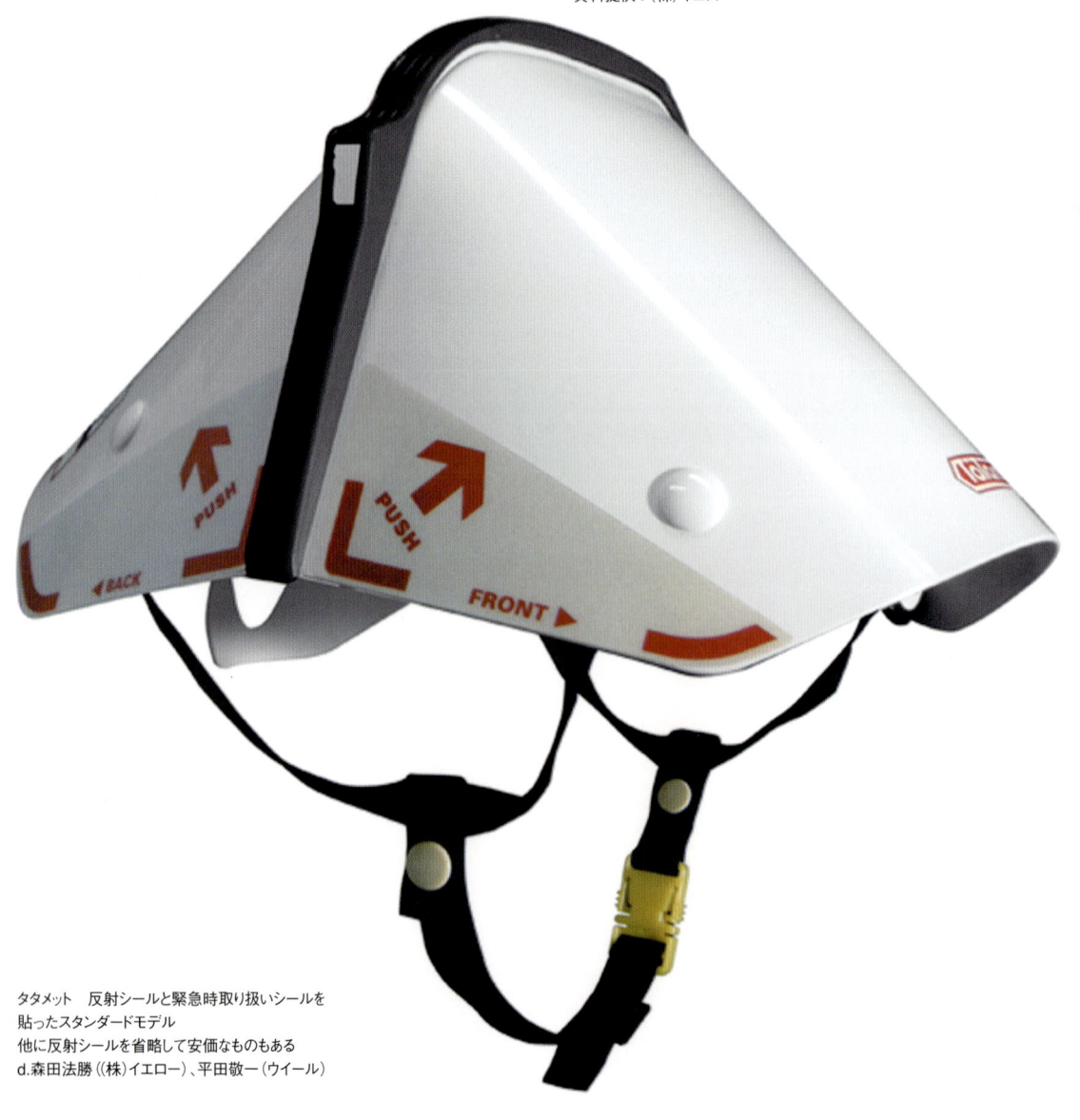

タタメット 反射シールと緊急時取り扱いシールを貼ったスタンダードモデル
他に反射シールを省略して安価なものもある
d.森田法勝((株)イエロー)、平田敬一(ウイール)

立体時のタタメット：幅235mm 高さ175mm 奥行き315mm 重量335g

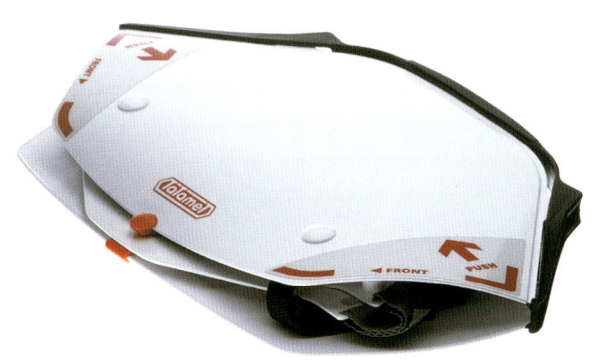

たたんだ時のタタメット：幅345mm 高さ210mm 厚さ35mm

タタメットをかぶり、右手で抱える

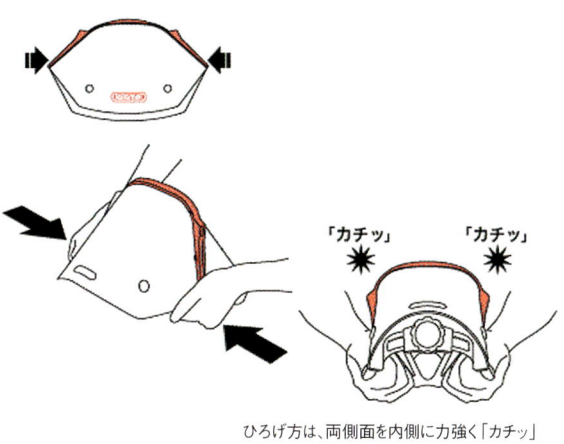

ひろげ方は、両側面を内側に力強く「カチッ」と音がして固定されるまで押し込む

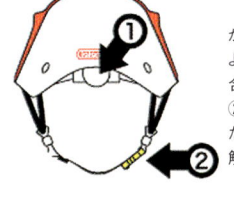

かぶり方は、アジャスター①が額（前面）にくるように深くかぶり、ノブを回して頭のサイズに合わせる。次にあごひもを調整してバックル②を固定する
たたみ方は、横の解除パーツをはずしてロック解除ボタンを音がするまで中に押し込む

誰もが救急隊―紙製のレスキューボード

最近、世界のあちこちで頻発する地震は日本でも例外ではない。1995年1月の阪神淡路大震災をはじめ、2003年の北海道十勝沖地震、新潟では2004年と2007年と2度にわたって大被害を被っている。

この地震のような天災のほかに、世界のあちこちでおきているテロ事件、石油コンビナートの火災など、一度に多くの犠牲者が続出した時に、救急隊の到着をまたずに、周りの皆の助けあいでいのちを救いたい、このような一心で開発されたレスキューボードがある。もちろん、災害時のほかに、職場での病気、事故、スポーツ時のけがなど、緊急に救護を必要とする人の救出を目的に考えられたものでもある。それも再生紙からつくられたリサイクル素材だというのも、いかにもエコ時代の現代に相応しい製品だ。紙とはいえ、紙の鞄や家具のメーカーとして実績のある企業（新潟県・安達紙器工業）がつくりだしたものだから、その品質は折り紙つきだ。

強度は通常使用で500kg、最悪24時間浸水後でも220kgと大人の体重にびくともしない。そのうえ3.5kgと軽量なうえ、三つ折りにして保管も可能だし、持ち運びにも便利だ。オレンジの色彩は、救急の目印としても、災害の暗さを明るくするためにも、すぐれている。

2000年4月の販売開始以来、改良を重ねながら、今日に至っているが、普段から何処にでも、常備しておきたい逸品である。（F）

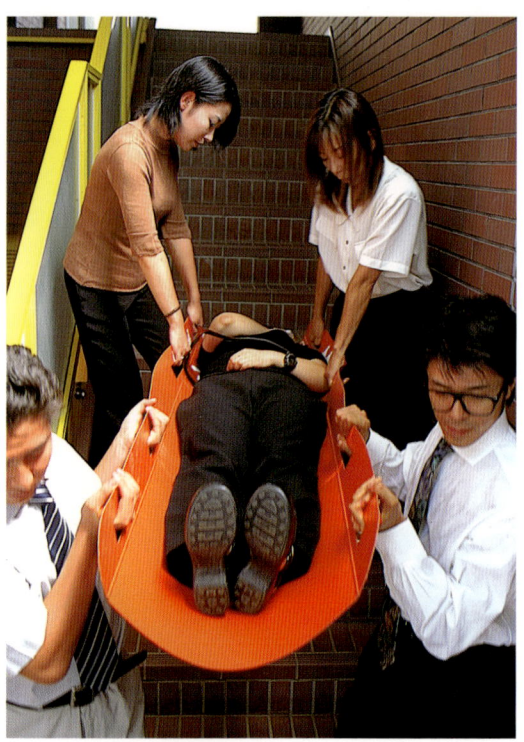

オフィスなどの事故にも活用できる

運び手に最適な握りの位置、固定ベルトが明快なセーフティデザイン

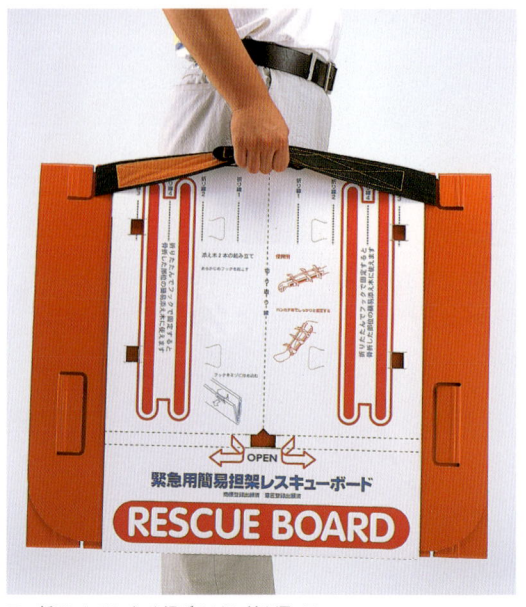

三つ折りにしてカバンを提げるように持ち運べる

瓦礫の中から一人でも多くの人を救い出したい時に、すぐに役立つレスキューボードは助けあいの心の具現化である　資料提供：d.p.安達紙器工業株式会社

市民を守る交番(KOBAN)

交番の歴史をみると、1874年(明治7年)東京警視庁内に巡査を「交番所」に配置したことから始まる。
その後、1881年(明治14年)に交番所は「派出所」に変更され、1994年(平成6年)派出所は「交番」(KOBAN)と変更され、現在にいたっている。交番は日本の警察独特の組織で、仕事の内容は立ち番、見張り、パトロール、巡回連絡(戸別訪問)、市民のよろず相談所である。
為政者からみれば市民に関する情報収集と犯罪予防のための監視所の役目をもつ。仕事の内容は交番のある地域の特性や年代とともに変化してきている。
KOBANが現在は正式に決定した国際補助語であり、近年はアメリカやシンガポールに、交番制度が輸出され、日本以外でも、KOBANで通用する所もあるという。
KOBANの建物がユニークなものが多くなってきたが、その最初は銀座数寄屋橋交番(山下和正設計)で三角屋根のユニークなデザインであった。その後、東京都が公共建築の設計を建築家にまかせるという事業の一貫として、都内で約20箇所が建築家の手になったが、再開発のために、すでに、壊されてしまった交番もある。
繁華街にある交番には国内、国外を問わず、日夜多くの人々が訪れ、道案内をはじめ、よろず相談事がもちこまれる。建物の奇抜さやおもしろさに引かれて立ち寄る子どもたちも多いという。凶悪犯罪が相次ぐ近年、交番は市民とのコミュニケーションの場として、防犯の一役を担う存在であってほしいと思う。(F)

銀座のシンボルとして「とんがり屋根」が親しまれている数寄屋橋交番
ar.山下和正建築研究所　p.藤原千晴

小学生の絵のアイデアを形にした通称「ふくろうの交番」池袋駅東口。もともと「いけふくろう」のゴロ合せでふくろうがシンボルの町でもある　p.藤原千晴

駅前にありながら喧噪を遮断する安らぎ空間、武蔵境駅南口交番
ar.石井和紘建築研究所　p.藤原千晴

Y字路の真中にあることと、善・悪を「裁く」意味でまさかり状の形がユニークな渋谷宇田川町交番
ar.鈴木エドワード建築設計事務所　p.古館克明

渋谷宇田川町交番の2階に設けられた坪庭と床の間のある和室は、世界初
ar.鈴木エドワード建築設計事務所　p.古館克明

パーマカルチュアデザイン

Permacultureは、Permanent（永久の）と Agriculture（農業）または Culture（文化）の結合語で、持続可能な環境を自然の生態系にあわせて作り出すためのデザイン体系のこと。
観察力や創造力を利用し、地球と自分たちの望ましい関わりを生み出すシステムとも言える。
食物を育てることや日常生活に応用すると、創造的で快適な暮らしが可能になる。
（セシリア・マコーリ＋O）

d.セシリア・マコーリ

1 接縁効果

2つの環境や経済や状態が接するところの豊かさ。
例えば、川と土地が接する所には、豊かな多様性と創造性が見とれる。

フンデルトワッサー（F.Hundertwasser）企画・コンセプト、ペリカン＋クラウィナ（P.Pelikan and J.Krawina）設計のウイーン市立共同住宅：森の豊かさと都市の利便性の一体化が見られる　P.ダッチ（Gerhard Deutsch）

2 小さな資源から次第に、大きな収穫

セシリア・マコーリ（Cecilia Macaulay　オーストラリア）の
バルコニーガーデン　ill.セシリア・マコーリ

3 ハイテクでなく、シンプルな'ローテク'

自然の重力や人力、水の浸透力などを
エネルギー源として活用。
うり（瓜）の形をした素焼きのパイプ容器ポット：
植木鉢の土に埋めて、土が乾いた時、水が自然に漏れる
ようにした装置。

ill.&p.セシリア・マコーリ

薄い壁付け貯水タンク：雨の水を屋根から蓄えて、チューブによって、
水が素焼きポットに自動的に運ばれる

4 エネルギー循環

生ゴミなどを肥料にして、菜園に利用。

みみずコンポスト：台所の生ごみなどをミミズが分解し、自然に栄養豊かな肥料ができる。匂いをださないため、アパートなどでも適当　P.セシリア・マコーリ

5 効率的配置

常に手入れが必要なものや、よく使うものを身近に置く。
例えば、毎日食べたい野菜は台所の近くで栽培する。
クルミの木(下図Zone 4)は遠くに植えてもよい。

ill.（上図とも）セシリア・マコーリ

6 複合機能

それぞれの構成要素が多面的な働きをする。

P.セシリア・マコーリ

ジョウ(Joe)とトリッシュ(Trish)の、Rainbow Valley Farm(ニュージーランド)の植栽屋根
優れた断熱効果で屋内温度を整え、屋根の植物を利用する蜂や鳥によって、蜂蜜や、卵が与えられる。大量の雨水も、屋根の土に蓄えられ、洪水予防に役立つ。屋根の斜面は丘と繋がっており、かえるやてんとう虫など益虫の生息を可能とする。

Rainbow Valley Farmの野菜畑：鳥の巣が野菜畑の中に設置されているため、鳥の糞が畑の栄養になる　P.セシリア・マコーリ

森林セラピー効果の環境デザイン

日本の森は、戦後復興の木材需要が輸入材に代わられ、放置されてきた。ところが森林浴の効能を医学的に計測し、森林環境として整備して、心身の健康管理に役立てようとする森林セラピー基地・ロードが、2009年現在、全国に38カ所誕生した。歩行コースの快適性、宿泊施設の充実などは認定の要件としていずれもクリアーしている。

森の中に身をゆだねて自然と一体になり、森の色、光、音、香り、味、肌触りそしてフィトンチッドを全身で感じ取るリラクゼーション生理効果は、都会のストレス解消や生活習慣病の改善に極めて有効。資格試験をパスした森林セラピストの助力も加わって、来訪者は誰でもそうした効果を享受できる。

2004年の森林セラピー立案当初より、森林セラピー基地ロードをピクトグラムによって案内誘導するサインデザイン計画が、林野庁と(独)森林総合研究所を中心に産学官協同プロジェクトとしてスタートした。ここでは多摩美術大学造形表現学部デザイン学科太田幸夫クラスのデザイン成果を紹介する。(O)

s.平野秀樹　pr.河野透
m.(株)デザインアートセンター　p.太田幸夫

遠景　マイナスイオン　涼しさ
鳥のさえずり　ブナ天然林
蝉時雨　ミンミンゼミ　素足で歩く
雪山

森林セラピー案内誘導サイン：雪の季節に収納し易い布製

木製表示面の休憩所誘導サイン 佐久市癒しの森・ファーブルの小径

森林セラピー案内サインデザイン案
d.鷲見春佳

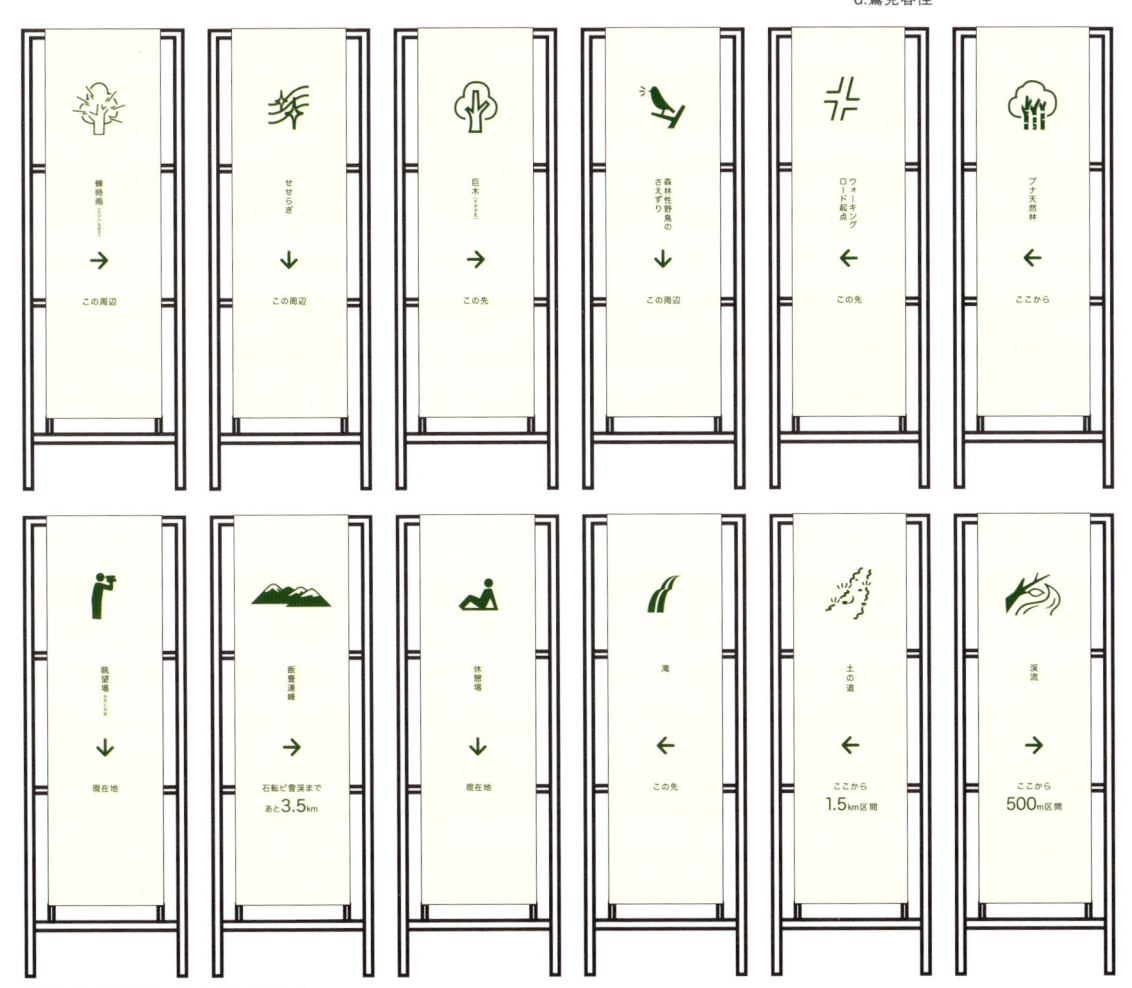

森林セラピー案内誘導サインデザイン原型

107

緑と水辺の環境デザイン

人間が生きていく環境には豊かな緑と水が不可欠である。人間は太古から飲み水の得やすい場所を選んで住まいを築いてきた。水のある所には草木の緑があった。しかし、都市化が進み、土壌がコンクリートで覆われ、小さな河川は埋め立てられた。その結果、いま地球的な規模で対策が議論されている温暖化現象を引き起こすことになった。CO_2の排出をひかえ、温暖化を少しでもおさえるための環境づくりが、急がれているが、その一つが、都市の緑化と水辺環境の再生である。東京都や兵庫県が力を入れているのは屋上の緑化であるが、市民の間でも。住まいの屋根や壁面を緑で覆たり、現存する樹木を保存する努力がなされている。もともと樹木には光合成という働きがあり、その時に酸素を放出する。また、フィトンチッドという香りは人間の心を癒すといわれている。一方、工業用水や生活排水などで、一時、汚濁しきっていた川も、行政と市民の努力で、次第きれいになってきた。同時に川の周辺を整備して、水と親しむ空間が演出されるようになってきた。子どもたちの遊び声が聞かれるようになった水辺には、樹木が植えられ、緑と水のハーモニーが、豊かな環境を生み出している。自然との交流をとおして、緑と水辺の環境を守り育てていくことは、ひいては、いのちを守ることにつながる。(F)

オフィス街の中の小さな広場の木陰。大手町ファーストスクエア
d.竹中工務店（小林忠夫）　p.藤原千晴

吉祥寺エフエフビル屋上庭園「吉祥空園SO-RA」
ar.村越設計事務所　con.石正園　ci.(財)武蔵野開発公社　p.藤原千晴

昼休みを利用した緑陰コンサート（日比谷公園）　p.藤原千晴

緑道に沿って噴水があり、歩行者の眼を楽しませる。烏山川緑道
d.世田谷区公園緑地課　p.藤原千晴

川に沿った小道は、市民の散歩道。呑川緑道
d.世田谷区公園緑地課　p.藤原千晴

かつての調整池の治水機能を活かして作られた広大な市民の憩いの場で遊ぶ子どもたち。泉の森（大和市）　p.牧谷孝則

「いのちを守るデザイン」協力者一覧

アイホン	88
青芳製作所	22、24、26
安達紙器工業	98
アプロンワールド	42
イエロー	96
池和田郁子	102
石田麻衣子	90
泉なほ	30
井出たけ子	58
伊藤哲郎	58
INO CINQクッキングスタジオ	34
いもとようこ	30
ACジャパン	10
MoCA（福城茂生）	82、86、88
オーエックスエンジニアリング	52
大阪大学大学院工学研究科 川崎和男先端デザイン研究室	51、54
鬼久保長治	106
及部克人	90
郭翀	60
鎌田経世	76
河村宏	94
環境デザイン研究所	18
きうちかつ	30
キッド・ステューディオ	46
金の星社	30
くすりの適正使用協議会	60
Greg Kelley Design	12
興和	66
五味太郎	28
コムズ	82
コンビ	38
サインセンター	80、82、84、86、92
JR東日本	42
常陽リビング社	41
森林セラピーソサイエティ	106
ズームティー	14、16
須賀じゅん	44
杉並区役所	86
鈴木エドワード建築設計事務所	100
鈴木敏恵	58
聖路加国際病院	42、62
セコム	40、49、68
セシリア・マコーリ	102
大広名古屋支社	10
大地を守る会	32
多摩美術大学企画広報部	80
多摩美術大学造形表現学部デザイン学科	3、44、48、80、82、106
筑波大学大学院システム情報工学研究科 山海嘉之研究室	41
東都生活協同組合	32
トー・ナビタ	82、92
トーマス・バブリネック	102
トヨタ自動車	70
日産自動車	74
日本デザイン学会環境デザイン部会	80
日本標識工業会（中野豊）	78、80、84
ネオ・ダイナミックス（座親一彦）	80
根本特殊化学（竹内信義）	80、84
野村プレミアムブランズ	38
長谷高史	82
濱田麻邑	94
福井武	48
福音館書店	28、30
藤田典子	20
フランスベッドメディカルサービス	50
ブリッジワークス	82
フンデルトワッサー・アーカイブ・オフィス	102
星野勝成	102
本田技研工業	72
マクラーレン南青山直営店	38
松風正幸	82
武蔵野美術大学視覚伝達デザイン学科	90
村上葉子	82
メルセデス・ベンツ	70
USオート	70
ユニ・チャーム	66
ユニ・チャームメンリッケ	36
浴風会病院	64
横井郁子	56
らでぃっしゅぼーや	32
リアルタイム地震情報利用協議会	88
ルーバンデザイン研究所	84
渡辺直子	48

FOMSメンバー・略歴

藤原千晴（ふじわら ちはる）
美術出版社編集部・菊竹請訓建築設計事務所を経て、藤原千晴編集事務所主宰
活動:「季刊リビングデザイン」『グラフィックデザイン体系』全5巻（美術出版社）、「手」（CCJ機関誌）、『建築の前夜 前川國男文集』（共編・而立書房）、『菊竹請訓作品集』全4巻（求龍堂）、『モダンタイポグラフィの流れ』（共編・トランスアート）他
著書:『暮らしの火と水』全5巻（共編著・INAX）、『市民社会のデザイン 浜口隆一評論集』（共編著・而立書房）他

太田幸夫（おおた ゆきお）
多摩美術大学デザイン学科教授、NPO法人サインセンター理事長、太田幸夫デザインアソシエイツ代表
活動:経済産業省シンボルマークデザイン、国際規格非常口サインデザイン制作、視覚言語LoCoS開発、国際プロジェクトVGIデザイン、国連大学紹介の世界初コンピュータアニメーションデザイン他
著書:『ピクトグラム（絵文字）デザイン』（柏書房）、『サイン・コミュニケーション1・2』（共編著・柏書房）他
受賞:全国統一非常口サインデザイン SDA賞大賞、国際ブルーノビエンナーレ賞他

牧谷孝則（まきたに たかのり）
信州大学感性工学科教授、多摩美術大学デザイン学科講師などを経て、（株）スペース・コンサルタンツ代表取締役、NPO法人サインセンター副理事長
活動:宝塚市観光環境整備計画、清里の森サイン計画・実施、川崎市地域観光診断、観光福井21世紀プラン、上田市柳町まちづくり計画、神奈川県豆相人車鉄道活性化事業他
受賞:「外部環状道路サイン植栽」でSDA賞特別部門奨励賞他

坂野長美（さかの おさみ）
桑沢デザイン研究所、浜口隆一評論事務所を経て独立
活動:編集協力・寄稿先「サインズジャパン」（日広連機関誌）、「パッケージNOW」（日経産業新聞）他
著書:『暮らしの火と水』全5巻（共編著・INAX）、『サイン・コミュニケーション1・2』（共編著・柏書房）、『市民社会のデザイン 浜口隆一評論集』（共編著・而立書房）
受賞:「新基準非常口サインの研究」、「サインズ誌での長年の執筆活動」に対してSDA特別賞

編集協力者

高橋昭（たかはし あきら）
元三省堂辞書出版部長・編修長
田中幸子（たなか さちこ）
編集者、有限会社オフィス・ユウ主宰

執筆協力者

川原啓嗣　インダストリアルデザイナー、（株）キッド・ステューディオ代表
河村宏・濱田麻邑　NPO法人支援技術開発機構（ATDO）
木村伸子　料理教室INO CINQ主宰
桜井郁子　東邦大学医学部看護学科教授
仙田満　環境建築家、東京工業大学名誉教授
セシリア・マコーリ　パーマカルチュアデザイナー

コミュニケーションデザイン1
いのちを守るデザイン

初版発行	2009年11月20日
編著	ⓒFOMS（藤原千晴＋太田幸夫＋牧谷孝則＋坂野長美）
編集協力	高橋 昭＋田中 幸子（FOMS 事務局）
発行者	遠藤 茂
発行所	株式会社遊子館
	〒107-0062 東京都港区南青山1-4-2八並ビル4F
	電話 03-3408-2286 Fax. 03-3408-2180
印刷・製本所	シナノ印刷株式会社
装幀・デザイン	太田 幸夫
DTP	有限会社八雲企画
ISBN978-4-86361-003-3	